WINNING
HABIT
나를이기는습관

나를 이기는 습관

초판 1쇄 인쇄 2023년 10월 25일
초판 1쇄 발행 2023년 11월 1일

지은이 | 전혜림
펴낸이 | 박찬근
펴낸곳 | (주)다연
주   소 | 경기도 고양시 덕양구 삼원로 73 한일윈스타 1422호
전   화 | 031-811-6789
팩   스 | 0504-251-7259
이메일 | judayeonbook@naver.com
편   집 | 미토스
표지디자인 | 강희연
본문디자인 | 디자인 [연;우]

ISBN 979-11-92556-15-4 (03320)

WINNING HABIT

나를이기는습관

전혜림 지음

㈜ 다연
DAYEONBOOK

코칭과《논어》로 진정한 '나'를 만나다

 마흔이 되던 해, 나는 사업 실패로 큰 위기를 맞았다. 부모님의 부재, 공장생활, 이혼 등 이미 충분히 굴곡진 삶을 살아온 나였다. 삶이 얼마나 더 뒤틀려야 하는 걸까. 믿었던 동업자와의 마찰로 생긴 마음의 상처가 너무 깊어서 그냥 주저앉고 싶었다. 하지만 그럴 수 없었다. 이대로 무너지는 건 너무 억울할뿐더러 치열하게 버텨온 내 삶에 대한 예의가 아니라는 생각이 나를 가만 놔두지 않았다. 그렇게 오기를 움켜잡고 안간힘을 다해 다시 나를 추슬렀다.

 사실, 돌이켜보면 내 인생의 전반전은 철없이 객기만 앞세운 좌충우돌의 연속이었지 싶다. 내 인생의 후반전을 더 나은 방향으로, 좀 더 지혜로이 하고 싶은 일을 하며 행복하게 살리라는 열망을 키웠다. 새롭게 인생 2막을 펼치고자 경영대학원에 들어갔다. 사업 실패의 원인을 제대로 분석해보고 싶은 이유도 있었다. 하나하나 깨달을 때마다 후회가 넘치면서도 속이 시원해졌다.

 나는 특히 코칭의 매력에 이끌렸다. 상대방 고민의 핵심과 본질을 끄집어냄으로써 상대를 도울 수 있다는 점이 무척 매력적이었다. 지난날 내가 지혜로운 코칭을 받았다면 실패하지 않았을 거라는 진한 아쉬움이 사무치도록 들 정도로 말이다. 코칭을 잘하기 위해서는 자기 자신에 대해 잘 알아야 한다는 점 또한 좋았다. 코칭은 결국 질문을 통해 상대 내면의 지혜를 끌어내는 과정이어서, 일종의 거울 역할을 해야 하는 코치는 마땅히 자신에 대해 아주 잘 알고 있어야 한다.

　과거, 나는 나 자신을 너무 모르고 있었다. 당장 들이닥친 시련이 벅찼기에 나 자신을 제대로 들여다볼 의지가 없었다. 그런 시간조차 사치로 여기며 나 자신을 강하게 몰아세웠다. 내 안의 공허감을 애써 억누르던 모습, 그게 40세 이전의 내 모습이었다. 코칭을 배우면서 그동안 나 자신을 이해하지 못했을뿐더러 그 누구보다 사랑해야 할 나를 스스로 소외시키고 있음을 깨닫기 시작했다. 진정으로 '나'에 대해서 생각하고 나와 화해하기 시작했다.

　'나에 대한 앎의 갈망'은 나를 자연스럽게 철학으로 이끌었다. 철학을 박사과정 전공으로 정했고, 그중 동양고전을 집중적으로 다뤘다. 특히 《논어(論語)》에 심취했다. 깊이 천착하면서 《논어》가 고리타분할 거라는 막연한 선입견은 금세 깨졌다. 《논어》는 바로 나의 이야기였고, 지금을 살아가는 우리의 이야기였다. 다정다감하기까지 한 공자의 메시지에는 오랫동안 나를 지켜보고 지지해준 키다리 아저씨나 죽마고우의 위로 같은 현실적 조언도 있었다. 인생의 우여곡절, 그 흐름 속에서 통찰하고 도출한 놀라운 지혜와 더불어 동양사상 특유의 인간적 감성 또한 담뿍 담겨 있어서 공부하면 할수록 행복한 만족감이 차올랐다.

코칭과 《논어》를 통해 나는 진정한 '나'를 만났고, 어제보다 더 나은 나로 나아가는 '나를 이기는 습관'을 체화했다. 그 덕분에 사업 실패로 힘들어했던 지난날의 나처럼 마음의 상처를 입고 절망과 불안에 사로잡힌 채 고통받는 사람들을 위한 코칭 프로그램 '나여행(나를 찾아가는 여행)'을 만들어 운영하게 됐다. 이 책은 이 모든 것에 관한 이야기다. 나의 인생철학과 성공철학, 코칭철학을 《논어》에서 가려 뽑은 공자의 메시지와 융합하여 총 5부에 걸쳐 '나를 이기는 습관'의 지침으로 펼쳤다. 이 책으로 나처럼 코칭과 공자의 지혜를 접하길, 그래서 더 나은 나로 각성하는 계기가 되길 바란다. 이 책이 독자 여러분에게 다소나마 도움 된다면 나는 더할 나위 없이 기쁠 것이다.

끝으로 이 책이 나오기까지 애써주신 다연출판사 대표님 이하 임직원들께 감사의 마음을 전한다. 그리고 세상에서 가장 소중한 나의 두 딸, 하연과 하나에게 사랑한다는 말을 전하고 또 전한다.

신사동 '나를 찾아가는 여행' 사무실에서
전혜림

차례

머리말 코칭과 《논어》로 진정한 '나'를 만나다 | 4

자립을 논하다

01

: 어디서든 내 삶의 주인공은 바로 나다

01 통제 불가능한 문제는 나의 문제로 전환한다 13 | 02 스스로 문제를 해결하는 기술을 익힌다 20 | 03 자립은 경제적 독립을 기반으로 한다 27 | 04 타인의 감정에 내 인생을 허비하지 않는다 34 | 05 진정한 프로, 어디서든 내가 주인공이 된다 41 | 06 스타가 되기 전에 먼저 기본이 단단한 사람이 된다 47 | 07 좌절의 순간에는 마침표가 아니라 쉼표를 본다 54

소통을 논하다

02

: 좋은 소통이 좋은 인연을 만든다

01 사람의 의도를 알고자 한다면 귀가 열릴 때까지 기다린다 65 | 02 진정한 사랑의 첫 번째 조건, 자립한다 72 | 03 질문과 경청으로 상대방을 안다 80 | 04 자기중심적인 사람을 경계한다 87 | 05 센스 있게 말하는 기술을 익힌다 94 | 06 긍정적인 에너지와 꾸준함으로 신세계를 개척한다 105 | 07 간판이 아닌, 내면을 보는 사람이 된다 111

성장을 논하다

03

: 성장이 최고의 안정이다

01 내일이 불안할수록 오늘의 허들에 집중한다 119 | 02 장기적 전망으로 성장을 추구한다 125 | 03 즐겁게 일하는 비결, 내가 선택의 주인공이 된다 131 | 04 고민을 멈추고 일단 시작한다 137 | 05 다른 사람을 성장시켜 나 또한 성장한다 145 | 06 돈보다는 업으로 사고한다 152 | 07 그럼에도 불구하고, 계속 나아간다 159 | 08 성장을 위한 인생 고통을 두려워하지 않는다 167

행복을 논하다

04

: 나의 행복은 전적으로 내 손에 달렸다

01 나의 소중한 행복을 남에게 맡기지 않는다 175 | 02 머리는 방황해도 몸은 방황하지 않게 한다 182 | 03 몸이 들려주는 이야기를 듣는다 187 | 04 다양한 감정을 연주하는 인생 예술가가 된다 193 | 05 오늘을 잘 사는 사람이 된다 198 | 06 긍정의 힘으로 산다 204 | 07 행복은 가까운 곳에서부터 찾는다 211

인생을 논하다

05

: 인생은 나를 찾아가는 여행이다

01 멈춰서서 질문하는 시간을 갖는다 221 | 02 서로에게 질문하고 공감하며 인생의 길을 찾는다 230 | 03 나를 찾는 여행을 시작한다 237 | 04 건강한 인생을 위해 나와 상대방을 정확히 안다 243 | 05 나 자신의 마음을 청소하고 무한한 신뢰를 보낸다 252 | 06 가치관이라는 인생의 등대를 환히 켠다 258 | 07 평생 공부하는 청년으로 산다 265

01

자 립 을 논 하 다

어디서든
내 삶의 주인공은
바로 나다

통제 불가능한 문제는
나의 문제로 전환한다

원하는 일을 하면서 살아가는 사람들에게는 하나의 공통점이 있는데, 그건 바로 복잡한 문제를 단순화하는 힘을 갖고 있다는 것이다.

나에게 코칭을 받던 B 대표가 누군가를 부러워하면서 말했다.

"나와 달리, 그 사람은 하고 싶은 일을 다 하면서 사는 것 같아요."

나는 그녀의 말을 듣고 안타까운 생각이 들었다. 자기 인생은 자신이 선택할 수 있어야 한다. 하고 싶지 않은 일을 하면서 '왜 나는 내가 하고 싶은 일을 하지 못하며 살까?' 푸념하고만 있다면 그건 정말 어불성설이다. 그것은 모두 환경에 이끌리는 삶을 살기 때문이다.

'화살이 세 번 과녁에 맞지 않으면 자세를 바로잡는다'는 말이 있다. 인생도 마찬가지다. 자신이 하는 일이 잘 맞지 않고 어긋난다면, 환경이라는 과녁을 탓하지 말고 자신의 활 쏘는 자세, 즉 삶의 태도를 바로잡아야 한다. 그게 삶의 명궁수가 되는 비결이다.

막연함의 안개를
걷어낸다

　B 대표의 고민을 해결해주기 위해 좀 더 구체적으로 그녀의 생활을 들어보기로 했다. 그녀는 사회의 전반적 문제에 관심이 많았다. 계모가 아이를 죽인 끔찍한 살인 사건에서부터 드라마 남주인공의 앞날 같은 소소한 것에 이르기까지, 온갖 사회 현상과 잡다한 일에 관심을 가지고 있었고, 스스로 불필요한 고민들을 만들면서 걱정으로 세월을 보냈다.

　또한 그녀의 일상은 늘 불만으로 가득 차 있었다. 차가 갑자기 끼어드는 것에 대해서 분노가 일어나 어쩔 줄 몰라 했다. 엄마가 일찍 돌아가시고, 아버지가 자신을 어린 시절에 정서적으로 학대해서 자신이 이렇게 되었다는 원망을 떨쳐버리지 못하고 있었다. 매사가 불만이었고, 그런 스트레스 때문인지 건강도 점점 망가지고 있었다.

　정작 자신의 문제는 해결하지 못하고 있으면서 왜 세상 문제를 전부 자신이 짊어진 양 살아가야 하는가. 그리고 이미 과거가 되어서 어떻게 할 수 없는 일을 붙들고 있는 것이 현재의 문제를 해결하는 데 무슨 도움이 되겠는가.

이 악순환을 해결하기 위해 무엇보다 중요한 건 자기 자신을 삶의 중심에 두는 것이다. 이를 바탕으로 하여 자신에게 가장 중요한 것이 무엇인지 생각해야 한다. 그렇게 우선순위를 세우면서 불필요한 찌꺼기들을 쳐내야 한다. 나는 그녀에게 삶을 보는 관점을 밖에서 안으로 돌릴 수 있도록 자극을 주었다.

그녀가 스스로 가장 중요하다고 손꼽은 건 회사가 성장하는 것이었는데, 걸림돌은 건강이 그다지 좋지 못하다는 거였다. 고로, 건강을 챙기고 조금 더 에너지가 있는 사람으로 개선하는 것이 그녀에게는 최우선 과제였다. 드라마 주인공이 죽고 살고, 사회에서 부조리한 일들이 벌어지는 건 늘 있는 일들이다. 자신이 당장 어떻게 할 수 있는 일이 아닌 거다. 사업을 건전하게 잘 일궈 사회에 이바지하면서 자신의 몫을 다하여 성공하는 것이 자신이 할 수 있는 최선이다. 건강을 위해 식사, 운동, 수면을 잘 챙기는 것 또한 집중해야 한다.

건강이 뒷받침되면 일을 더 열심히 하면 된다. 일하면서 배신당할 수도, 손실 볼 수도 있지만 그것은 사업을 하는 데 언제나 발생할 수 있는 일이다. 구더기가 무서워서 장 못 담근다고, 그런 것이 두려워 앞으로 나아갈 수 없다면 사업할 자격이 없다. 그런 경험을 통해 하나라도 더 배우고 더 성숙하게 회사를 이끌어가야 하는 것이 사업이다. 그게 회사와 내가 함께 성장한다는 개념이다.

이렇게 문제를 막연한 채로 놔두지 말고 깊게 들여다보면서 해결책을 찾을 의지를 발휘해야 한다. 그러면 조금씩 진짜 문제가 선명하게 드러나면서 답이 보이기 시작하는 것이다. 그냥 막연히 고민만 하고 있으면 앞으로 나아가기는커녕 한없이 오리무중에 빠져들 뿐이다.

할 수 있는 일에만
집중한다

큰 회사를 일군 대표일수록 자신의 문제를 단순화하는 능력이 뛰어나다. 그렇게 하지 못하면 복잡한 회사 운영, 시시때때로 변화하는 시장 상황에 적응해갈 수 없기 때문이다. 비단 사업뿐만 아니라 우리가 흔히 현자라고 부르는 인생 고수들도 마찬가지다. 그들은 어떻게 그것이 가능할 수 있을까?

그렇게 할 수 있는 요령을 간단히 정리하면 다음과 같다.

먼저, 큰일을 잘게 쪼개서 순서를 정한 후 한 번에 하나씩 처리한다. 그러면 문제는 단순해진다. 복잡하게 덩어리진 문제는 그 자체로 두려움의 대상이 되기 때문에 그 앞에 선 사람을 좌절하고 도피하게 만든다.

다음으로, 자신이 할 수 있는 일과 없는 일을 구분해서 할 수 있는 일에만 집중해야 한다.

B 대표의 경우 일과 가족이 가장 중요하다고 이야기했는데, 정작

자신의 기운은 자신이 어떻게 할 수 없는 과거 문제, 사람 문제, 사회 문제에만 빠져 있었다. 운전할 때 끼어든 차, 자신을 속인 회사 동료가 자신을 우습게 보는 문제 등 자기 손을 떠난 문제에 대해서 시간과 정열을 빼앗기고 있었던 것이다.

자신이 어떻게 할 수 없는 일에는 집착하지 말아야 한다. 자신이 할 수 있는 일에만 집중해야 한다. 공자는 말했다.

"군자는 경쟁하는 바가 없다. 활쏘기 시합조차도 반드시 그러하다. 양손을 잡고 가슴 앞에 대면서 예를 갖춘 다음, 단에 올라가 활을 쏜다. 그리고는 다시 읍을 하고 내려와서 술을 마실 뿐이니, 이것이 군자의 경쟁이다."

오직 자기 할 도리를 다하는 것, 이게 지저분하게 얽혀 있는 문제를 단호히 끊어내고 앞으로 나아갈 최고의 방법이다.

시야를 안으로 돌려서
문제를 해결한다

그리고 이것을 좀 더 확장해서 생각해보면, 자신이 할 수 있는 일에만 집중한다는 것은 다른 말로, 자신에게 주어진 모든 문제를 외부적인 문제까지 포함해서 자신의 문제로 환원시키는 것이다.

아버지로 말미암은 상처, 돌아가신 부모님, 배신한 비즈니스 파트

너, 사회 문제, 나를 화나게 한 운전자, 숱한 과거의 지나간 일들……. 여기에서 아쉬움과 분노가 일어나는 이유는 무엇인가? 각각의 사안들로부터 기대했던 것이 있는데 그게 채워지지 않았기 때문이다. 그 기대가 채워지면 자신이 행복할 것이라고 여긴다. 그러나 언제나 외부 환경은 내 뜻대로 돌아가지 않는다. 그 모든 것은 나의 통제 밖에 있는 거다.

반면, 나의 건강, 나의 일, 나의 가족은 내가 어떻게든 손쓸 수 있다. 손쓴 만큼 성과를 내고 발전할 수 있을뿐더러 나를 행복하게 만들 수 있다. 어쩌면 내가 건강을 찾고 성공하면 나를 비난하던 동료가 나에게 사과할 수도 있고, 돌아가신 부모님이 남긴 형제나 조카들에게 더 잘해줄 수도 있고, 사회적인 문제에도 조금 더 뭔가를 할 사람이 될 수 있을 것이다.

꼭 그렇게 도식적으로 되지는 않더라도 핵심은, 내 일이 잘되면 그걸 통해 얻고자 했던 행복 또한 얻을 수 있다는 것이다. 따라서 통제 불능한 환경이나 타인이 아닌, 자기 자신에게 집중하여 자신을 변화시키는 쪽으로 문제를 해결하는 것. 이게 문제를 단순화하는 고수들의 기술임을 깨우칠 필요가 있다.

《논어》〈헌문편(憲問篇)〉은 말한다.

고 지 학 자 위 기 금 지 학 자 위 인
古之學者爲己, 今之學者爲人

옛날 공부하는 사람들은 자기 자신을 중심에 두고 하였지만, 오늘날 공부하는 사람들은 남에게 보이기 위해 한다.

이는 곧 옛사람들이 자신을 위한 공부를 한 것을 본받아야 한다는 뜻이다.

남을 위주로 한 사고방식은 문제를 더 복잡하고 어렵게 만들 뿐이다. 시야를 밖이 아닌 안으로 돌려 먼저 자신을 바로 세우는 것이 문제를 단순화하고 꼬인 일을 쉽게 풀어가는 지름길이다.

스스로
문제를 해결하는 기술을 익힌다

자기 자신을 누구보다 잘 아는 존재는 역시 자신이다. 사람들은 자신을 객관화하여 볼 수 있다는 사실을 망각한 채 살아가기 십상이다. 자신의 눈앞에 놓인 일에 연연해서 자신의 언행을 객관적으로 바라보지 못하는 것이다.

하지만 사르트르가 말했듯 인간은 대자적(對自的)인 존재다. 자신을 스스로 대상화할 수 있기에 자신도 타인처럼 객관적인 시선으로 바라볼 수 있다. 누구보다 자신을 잘 파악하고 돌봐줄 수 있는 것도 자신이다. 어떤 사람이라도, 심지어 가족이라도 각자 자신의 생에 몰두하고 있기에 잠깐은 몰라도 언제까지나 나에게 도움을 줄 순 없는 것이다.

천재 시인 기형도는 자신의 시에서 나는 늘 미친 듯이 사랑을 갈

구했지만, 한 번도 나 자신을 사랑한 적이 없다며 한탄했다. 자신을 사랑하고 스스로 자신을 돌볼 수 있는 사람으로 거듭날 때 진정한 성인이 되었다고 할 수 있을 것이다.

문제를 풀어나가는 프로세스를 안다

이러한 맥락에서 다른 사람의 도움을 받기 힘든 상황에서, 자신에게 주어진 지극히 현실적인 문제들과 관련하여 코칭의 한 기법을 이용해서 자립적인 방식으로 문제를 해결하는 메커니즘을 갖춘다면, 그것도 인생을 살면서 큰 힘이 될 거다.

그 일례로, 코칭에는 'GROW'라는 기법이 있다. GROW는 약자의 조합으로, G는 'Goal(목표)', R은 'Real(현실)', O는 'Option(선택사항)', W는 'Way forward(행동 방침)'를 말한다.

첫 번째, G는 먼저 내가 해결해야 할 문제를 명확하게 파악하는 것 혹은 목표, 목적을 구체화하는 것이다. 내가 술을 끊고 싶다거나 다이어트를 하겠다거나 등등 목표가 있을 텐데 그 목표를 좀 더 구체적으로 설정하는 것이다. 다이어트라고 한다면 언제까지 얼마를 감량하겠다는 구체적인 목표가 필요하고, 왜 다이어트를 하는지 스스로를 이해시키는 과정이 필요하다.

두 번째, R은 현실을 파악하는 것이다. 나의 현재 모습, 내가 어떤 문제를 갖고 있는지 객관적 수치를 포함하여 적나라하게 파악한다. 특히 달성하고자 하는 목표와 관련하여 괴리된 현실을 객관적으로 살펴보고, 그 문제를 왜 해결하지 못하는지 제삼자의 시선으로 냉철하게 검토한다.

세 번째, O는 문제를 해결하기 위한 여러 선택지를 검토하는 것이다. 나를 도와줄 사람, 도움받을 수 있는 기구나 약물, 내가 원하는 목표를 달성하기 위해서 스스로 잘 수행할 수 있는 기술과 도구 등을 전반적으로 검토하는 것이다.

네 번째, W는 구체적인 실천 방안을 세우고 행동으로 옮기는 것이다. 실천 항목들을 세부적으로 정리하고 시간순으로 정렬해서 하나씩 실행해가는 것이다.

이러한 GROW 모델은 코칭 대화 프로세스이기도 하지만, 셀프코칭의 기술이기도 하다. 코칭은 기본적으로, 아무것도 가르쳐주지 않는다. 답은 자신 안에 있다는 걸 믿고 그것을 발굴해내는 거다. 당장 코칭 전문가의 도움을 받을 수 없는 상황이라면, 스스로 셀프코칭을 하면서 스스로를 바로 세우고, 해결책을 찾아나가는 과정을 통해 홀로서기를 할 수 있을 것이다.

홀로서기를 할 줄 아는 사람 혹은 그런 의지를 가지고 노력하는 사람에게는 복도 따르고 인덕도 생기는 법이다. 늘 남에게 신세만 지고, 뭔가 자신에게 이익되는 것만 탐하는 사람에게는 사람들이 붙지 않는다. 스스로 자립할 수 있고 주고받을 수 있는 자원 혹은 최소한의 의지가 있는 사람에게 사람들이 모여드는 법이다.

공자의 도를 전승한 맹자는 이렇게 말했다.

"내가 남에게 어질게 하는데 남이 나를 사랑하지 않는다면, 나의 덕이 부족했는지 돌아본다. 백성을 다스리는 일이 제대로 되지 않는다면 나의 지혜가 부족함을 돌아본다. 사람에게 예의를 다해 공경했는데, 남이 나에게 예의를 갖추지 않는다면 나의 공경함이 부족했는지 반성한다.

어떤 일을 실행했는데 나의 뜻을 이루지 못했다면, 내 의지가 부족했는가를 반성한다. 이처럼 자신을 반성하여 매사에 원인을 자신에게 찾는 것은, 자신이 올바른 길을 걷는다면 천하의 사람이 나를 위해 움직이기 때문이다."

홀로서기를 할 줄 아는 사람에게 사람들이 모여든다. 그 첫 단추는 자신을 돌아보고 스스로 문제에 대한 답을 찾고, 자신을 개선해 가는 기술을 익히는 것이다.

스스로 위로할 수 있는 이가 성숙한 어른이다

삶에서 힘든 순간이 닥쳐올 때 나는 주로 여행을 떠나는 편이다.

혼자 책을 한 묶음 싸서 고속버스를 타고 바닷가로 떠난다. 혼자 살면서 또 혼자 있기 위한 여행을 가는 게 무슨 의미가 있냐고 묻는 사람도 있는데, 그래도 멀리 떠난다는 것 자체로 내가 늘 위안받는 고향처럼 편안하고 특별한 장소를 찾아간다는 데 특별한 감흥이 있는 것이다.

그곳에서 블루투스 이어폰으로 음악도 듣고, 바에서 와인도 한 잔 마시고, 좋아하는 책을 읽다가 때때로 밤하늘의 별을 바라보며, 바닷가에서 한참 멍하니 앉아 있곤 한다. 그러면 절로 입에서는 "너무 아름답다, 참 좋은 세상이야!" 하는 탄성이 나오기도 한다.

하지만 언제나 쉽게 여행을 떠날 수 있는 것만은 아니니 힘든 순간을 극복하는 가장 중요한 비결은 여기에 있다.

삶에 지치고 견디기 어려운 순간이 올 때 카톡명을 이렇게 바꾸곤 한다.

'나는 나를 위로한다.'

나는 이 말을 아주 좋아한다. 그 누구의 위로가 아닌, 내가 나를 위로한다. 내가 힘든 것을 다른 사람에게 전가하고 싶지도 않고, 그렇게 되기도 힘들다.

"혜림아, 너 지금 많이 힘들지만 이 또한 다 잘 지나갈 수 있어. 잘하고 있어."

이렇게 나 자신에게 말해주면 그 누구에게 받는 것보다 더 크고 깊은 위로를 받는다.

힘들 때 사람을 찾는 것도 필요하고, 나이 들수록 대화 상대가 필요한 것도 사실이다. 하지만 가장 근본적인 문제는 남이 해결해줄 수 없다. 앞서 말한 것처럼 자기 자신을 가장 잘 아는 것은 자신이다. 부모도 자식도 알 수 없다. 그렇기에 자신은 누구보다 자신이 더 잘 위로할 수 있다.

자기 자신을 위로할 수 있는 것이 성숙한 어른이 가진 삶의 내공이다. 이는 매우 유효한 삶의 비기(秘技)라고 할 수 있다.

《논어》〈안연편(顏淵篇)〉에는 이런 말이 나온다.

자 하 왈 군 자 경 이 무 실   여 인 공 이 유 례
子夏曰, 君子敬而無失, 與人恭而有禮,
사 해 지 내 개 형 제 야   군 자 하 환 호 무 형 제 야
四海之內, 皆兄弟也. 君子何患乎無兄弟也

자하께서 말씀하셨다. 사람과 더불어 공경하고 예의를 갖춘다면, 사해가 모두 형제다. 군자는 형제가 없음을 걱정하지 않는다.

자하는 공자의 제자다. 위 구절은 사마우라는 사람이 형제가 없는 불우한 가족 환경을 하소연하자 자하가 답변한 말이다. 군자가 훌륭한 품성으로 사람을 대하면 사해가 동포가 될 수 있으니 외롭지 않다는 것이다. 말하자면, 가족이 많다고 하더라도 자신이 어떻게 하느냐에 따라서 외로워질 수 있고, 결핍된 가정환경이라고 할지라도 자신이 어떻게 사느냐에 따라 누구보다 많은 인덕을 얻을 수 있다는 것이다.

살다 보면 자신만의 목표를 달성하거나 문제를 해결하기 위해 운 좋게 환경이 잘 맞아떨어지거나 누군가 도와주겠다고 찾아오는 일도 있지만, 그렇지 않은 경우가 더 많다. 그러면 감정적인 문제든, 물리적인 문제든 혼자 헤쳐 나아가야 한다.

기본적으로 내 힘으로 해결하겠다는 마인드로 덤벼들어야 자기 삶의 주인이 될 수 있다. 그럴 때 그 의지를 보고 도와주겠다는 사람도 나타나는 법이다. 인덕이 없고 외롭다고 탓하지 말고, 자신의 행실을 바르게 해서 자신의 문제를 스스로 해결하며 스스로를 구원해야 한다. 그것이 자립의 길이요, 인덕도 좋아지는 길이다.

03

자립은
경제적 독립을 기반으로 한다

죽을 때까지 자기 성장과 자기계발을 위한 노력을 하지 않으면 도태되게 마련이다. 완전한 안정은 죽음 저편에 있다고 하지 않는가? 마치 따듯한 물에서 자신이 죽어가는지도 모르고, 천천히 죽어가는 프랑스 요리에 사용되는 양서류처럼 점차 무능해지고 무기력해지는 거다. 누군가에게 편입되는 종속적인 삶으로 변해가는 거다.

이렇게 안주하면서 종속적이고 무기력하게 변해 있을 때, 삶에 큰 변화가 오면 대처할 수가 없다. 울타리가 무너지고 외적이 쳐들어오는데, 싸울 준비는 전혀 안 되어 있는 것과 같다. 자신만의 무기를 다 듬어놓고, 자립할 준비를 하지 않는다면 언제 추수감사절 새장 속 칠면조의 목과 같은 신세가 될지 모른다. 또한 그 전에 이미 서서히 죽어가는 것과 다름없는 삶을 살고 있음을 알아야 한다.

자립은 경제적인 독립이 필수 불가결한 요건이다. 맹자는 '항산(恒産)이 없으면 항심(恒心)이 없다'고 했다. 지속적인 수입, 경제적인 안정성이 없으면, 마음이 흔들릴 수밖에 없다는 말이다. 즉 경제적 자립이 없으면 늘 누군가의 눈치를 보면서 불안과 초초감에 빠져서 살거나, 자신이 원하는 삶을 살지 못하게 된다는 것이다.

밥벌이는
신성한 것이다

자신의 밥벌이를 스스로 할 수 있다는 건 성인은 책무인데, 이러한 노동은 신성한 것이다.

《논어》〈미자편(微子篇)〉에는 이런 말이 나온다.

장 인 왈   사 체 불 근   오 곡 불 분   숙 위 부 자
丈人曰, 四體不勤, 五穀不分, 孰爲夫子

노인이 말했다. 사지를 써서 일하지 않고, 오곡을 분별할 줄 모르거늘 누가 선생이란 말인가?

이는 자로가 공자를 찾아 헤매다가 밭을 갈고 있는 노인에게 물었을 때 노인이 대답한 말이다. 이 소식을 들은 공자가 그 노인을 은자(隱者, 숨은 현자)라고 칭송했다.

베스트셀러《칼의 노래》를 쓴 김훈 작가도 밥벌이의 어려움과 중요성에 관하여 자신의 에세이를 통해 여러 번 강조한 바 있는데, 예술가든 철학가든 밥벌이 앞에서는 겸허해야 한다.

힘써서 노력하는 자에게 삶의 가치도 빛나는 법이다. 고고한 척하지 말고, 갖은 핑계를 대면서 고민만 하지 말고, 무슨 일이든 시작해야 한다. 그렇게 경제적 성과도 거두고 그 속에서 삶의 보람도 찾아야 한다.

일하는 것이
더 편안하고 재미있다

하루는 70년대 후반생인 K가 나에게 코칭을 받으면서 고민을 토로했다. 앞으로 살날이 많은데 뭘 해서 먹고살지 걱정이라는 것이 주된 고민이었다. 나는 짐짓 모르는 척 애도 없고 남편도 돈을 잘 벌어온다고 일전에 이야기한 바 있었는데 뭐가 걱정이냐고 되물어보았다. 그러자 현명한 그녀는 나름의 판단을 정확히 내리고 있었다. 자기가 결혼생활을 해보니까, 남편은 남편이고 자기는 자기라는 것이었다. 애가 있어도 헤어지는 판에 애도 없는데 언제까지 남편이 책임져줄지 어떻게 아느냐고 말했다.

많은 주부가 온종일 연속극을 보고, 카페에서 수다 떨고, 사우나에서 시간만 때우면서 생산적인 일을 하지 않는다. 그러다 아이들이 다 크고 가족의 품을 떠날 때가 되면 우울증이 찾아온다. 그 공백을 어떻게 채울 것인가? 취미생활을 하든, 요리를 배우든, 봉사활동을 하든, 자격증을 따든, 뭔가 발전적이고 활력 있는 일을 찾아야 한다.

평소 알고 지내던 Y는 가정주부로, 애가 오는 시간에 맞춰서 밥을 해놓고 간식을 만들고, 밀린 드라마를 본다고 했다. 왜 밀린 드라마를 보면서 시간을 허비하냐고 하니 너무 재미있기 때문이란다. 일도 적절하게 해야 하는 것처럼, 휴식도 적절하게 취해야 한다. 균형이 무너질 정도로 휴식만 취하는 건 나태 속에서 소중한 인생을 낭비하는 것이다. 나는 그녀의 눈을 보면서 말했다.

"밀린 드라마 시청 말고 다른 것은 없을까? 예를 들면 사회복지 자격증 같은 것도 좋잖아. 다른 사람을 돕는 일도 하고, 돈도 벌 수 있어. 사이버대학교에 들어가면 자격증을 딸 수 있으니까."

그러자 그녀는 "이 나이에 무슨 대학이냐?"라고 하면서 손사래를 쳤다. 나는 단호하게 나이 핑계 대는 사람치고 잘되는 사람 못 봤다고 하면서 잔말 말고 도전해보라고 강권했다.

결국 그녀는 한국사이버대학교에 입학해서 사회봉사 학사를 취득하고, 취업까지 하게 되었다. 세월이 흐른 후 그녀가 나에게 했던 말이 지금도 기억에 남는다.

"일하는 게 더 편하고 재밌더라."

직장에서 사람들을 만나 이런저런 이야기도 나누고 돈도 버니까,

다소 피곤하긴 하나 사람 사는 것 같고 더 즐겁다는 거였다. 물론 일을 하다 보면 힘들 때도 있다. 하지만 시간이 흐르고 익숙해지면 집에서 몸이 불어가고 머리도 둔해지는 것보다 더 활기 있게 편안해진다. 규칙적으로 생활하니 건강도 좋아진다. 자기 힘으로 돈을 버니 자신감과 자존감도 상승한다. 실제로 그녀의 인생이 그렇게 바뀌었다.

수익의 경로를
다변화한다

한때 전혜림이라는 사람을 두고 수입에 대한 경로를 그려보았다. 소위 '인컴 파이프라인'이라고 하는 것이다. 예컨대 책 쓴다고 하면 인세, 강의한다고 하면 강의료, 고문을 하면 고문료, 또 대학 강의로 받는 교수로서의 수입, 코칭 프로그램 수입, 연구소 수입 등등 여러 파이프라인이 있다. 이런 방식으로 경제적인 자립을 위해서는 한 가지 파이프라인에만 의존해서는 곤란하다. 할 수 있는 한 다양한 경로를 만들어야 한다.

이렇게 다양한 경로를 만들어갈 기본 인프라에는 무엇보다 인맥과 SNS가 있다. 과거처럼 자신의 사업을 알리는 데 신문이나 잡지를 활용하지 않는다. 과거에는 유명한 사람들만 자신을 알릴 수 있었고, 수백만 원 이상의 거금을 들여야 자신의 사업과 상품을 홍보할 수 있었다. 하지만 지금은 SNS가 있기에 누구나 자신의 상품과 콘텐츠를 수많은 사람이 연결된 네트워크에 노출할 수 있다.

이러한 네트워크를 잘 활용해야 한다. 나는 페이스북 팔로워가 1만 명 이상이고 인스타그램, 블로그 등등의 SNS를 통해 많은 사람과 친교를 맺고 있다. 심지어 유명 연예인들까지 나의 페이스북을 통해 친분을 맺었고, TV에서나 마주할 법한 사람이 내 얼굴을 알아보고 인사하기도 한다.

다만 이렇게 SNS를 통한 효과는 하루아침에 즉각적으로 오지 않는다. 나의 경우 페이스북을 10년 이상 꾸준히 관리해왔다. 지속적인 자기계발과 인적 네트워크가 결합될 때 인컴 파이프라인은 폭발적으로 늘어날 수 있다.

남자든 여자든 청년이든 중장년이든 경제적으로 자립할 수 있을 때 진정으로 성인이 되었다고 볼 수 있다. 그리고 그렇게 해야만 어디서든 떳떳하게 자기 목소리를 낼 수 있고, 내가 정말로 하기 싫은 일에 대해서는 "NO"라고 말할 수 있을 때 자기 인생의 주도권을 쥘 수 있다.

수동적으로 미디어가 만들어놓은 환상에 멍하니 빠져서 시간만 흘려보내고, 남의 눈치만 보면서 질질 끌려다니는 인생을 살지 말아야 한다. 능동적으로 자기 일을 찾아서 경제활동을 하는 것이 더 재밌고, 더 보람 있고, 더 편하다는 걸 알아야 한다.

《논어》〈옹야편(雍也篇)〉에는 이런 말이 나온다.

염구왈　비불열자지도　역부족야
冉求曰, 非不說子之道, 力不足也.
자왈　역부족자중도이폐　금여획
子曰, 力不足者中道而廢, 今女畫

염구가 말했다. 선생님, 저는 도를 기뻐하지 않는 것은 아니지만 역부
족입니다. 공자께서 말씀하셨다. 역부족인 사람은 중도에 그만둔다.
너는 스스로 한계를 그리고 있을 뿐이다.

이 말은 중도에 그만두지만 않는다면 도에 이를 수 있음을 강조하
고 있다. 우리는 스스로 독립할 수 있고 계속 성장해갈 수 있는데, 스
스로 한계를 지으면서 '나는 여기까지야' 하며 단정하고 안주해버린
다. 그리고 남을 부러워하거나 시샘하면서 세월을 보낸다. 자포자기
하거나 스스로 한계를 짓지만 않는다면 힘은 언제든 다시 솟아나게
마련이다. 성장의 길을 꿋꿋이 나아가기만 한다면, 자기가 역부족일
때 다른 사람이 힘을 보태주기도 한다. 그러니 두려워하지 말고 계
속 앞으로 나아가야 한다.

04

타인의 감정에
내 인생을 허비하지 않는다

지난 일에 연연하며 내 현재의 소중한 시간을 희생하고 싶지 않
다. 다른 사람의 감정 때문에 일희일비하며 살아가고 싶지도 않다.

《채근담(菜根譚)》은 17세기경 중국 명나라 신종 때 활동했던 홍자
성이 쓴 책이다. 그는 초야에 묻혀 사는 선비로서 유교와 불교, 도교
를 모두 섭렵하여 인생 지혜를 담은 《채근담》을 써 시공을 초월한
명성을 남겼다. 생전에는 '환초도인(還初道人)'이라고도 불렸다. '채
근담'은 '뿌리를 캐는 말'이라는 뜻이니, 인간 본성을 밝히는 이야기
라고 하겠다.

《채근담》에서 홍자성은 말한다.

'대나무숲에 바람이 불어와 잎이 흔들려도, 바람이 지나가고 나면
숲은 소리를 남기지 않는다. 기러기가 차가운 연못을 날아가도, 기

러기가 지나가고 나면 연못은 그림자를 남기지 않는다. 따라서 군자는 일이 생기면 마음이 움직여 몸소 드러나지만, 일이 지나가고 나면 마음을 비운다.'

어떤 일이 지나고 나면 묵은 감정은 깨끗이 비워낼 일이다. 영화 〈바람과 함께 사라지다〉의 마지막 대사처럼 내일은 내일의 태양이 뜬다. 과거의 마음을 씻어내고 오늘 새롭게 뜬 태양, 새로운 날을 맞이할 때 늘 활기찬 삶을 살아갈 수 있다.

묵은 감정에 사로잡혀 있지 않는다

오래전의 일이다. 잘 알고 지내던 P 사장이 내게 생경한 이야기를 했다. 10여 년 전, 내가 금융 회사를 운영할 때 내 곁에 있다가 독립한 직원 중 하나가 나에 대해 험담했다는 것이다. 나는 별로 대수롭지 않게 "아, 그래요?" 하고 넘겼다.

그런데 최근에 다시 그를 만났을 때, 그는 "그때 왜 그 직원이 누군지 궁금해하지 않았냐?"고 내게 물었다. 나는 "뭐 그럴 수도 있죠, 알아서 뭐 하게요" 하면서 웃어넘겼다. 그런데 그는 날 생각하면 항상 그때 묻지 않고 그냥 넘어간 일이 자꾸 생각난다고 했다.

나는 다른 사람의 감정 때문에 내 에너지를 소모하고 싶지 않다.

세상에는 각양각색의 사람이 있다. 그들과 어울려 사는데 거기에 일일이 대응하면, 내 행복에 집중할 시간이 없어지기 때문이다.

"백이와 숙제는 구악(舊惡), 지난날의 허물을 염두에 두지 않았다. 그렇기에 그들을 원망하는 사람이 드물었다."

이는 공자가 제자들에게 한 말이다.

백이와 숙제는 고죽국 왕의 자제로, 주나라 무왕이 은나라 폭군 주왕을 토벌하자 신하가 임금을 죽인 것은 불의라고 하여 수양산에 들어가서 고사리만 캐어 먹다가 기아로 죽었으니 역사에 청렴결백의 상징으로 남았다. 그들이 이렇게 강직하기만 했기에 후세 사람들이 기리는 인물로 남은 것은 아니다. 자신들은 절개를 지키면서 남의 지나간 허물에 대해서는 관용하는 하해(河海)와 같은 인품도 갖추고 있었기 때문이다.

한번은 이런 일이 있었다. 오랫동안 비즈니스 파트너로 알고 지낸 사업가 B와 저녁을 같이할 기회가 있었다. 레스토랑에서 밥을 먹고, 와인 한 잔도 하고 헤어질 즈음, 그가 말했다.

"오늘 너랑 밥은 처음 먹는데 네가 너무 좋은 사람이라는 것을 알았다. 그런데 ○○은 네가 위험하다고 너 조심하라고 하더라."

그는 자신이 그런 이유로 나에게 좋지 않은 선입견이 있었다는 것이다. 그 말을 듣고 나는 "위험하기는 뭐가 위험해요?" 하면서 웃고 말았다.

물론 단순한 질투로 말미암은 비방이나 폄훼가 아닌, 내가 일을 하는 데서 중대한 결함을 지적하는 것이라면 겸허히 받아들여야 한다. 예컨대 과거에 〈할까말까쇼〉라는 방송의 MC를 맡았던 적이 있다. 나는 당시에 댓글을 전혀 읽지 않았는데, 나중에 알고 보니 웃음소리가 너무 크다는 댓글이 있었던 모양이다. PD가 그 댓글을 읽고는 나에게 다음에는 웃을 때 마이크에서 잠깐 입을 떼는 것이 좋겠다고 했다.

그와 같은 피드백은 내가 성장을 하는 데 실질적으로 도움 되는 지적이다. 그러한 지적에 대해서 나는 전적으로 받아들일 준비가 되어 있고, 지적받으면 당장 고쳐가는 편이다. 하지만 근거 없는 일방적인 비난에 대해서는 전혀 개의치 않는다.

시기, 질투, 말꼬리 잡는 사람들의 감정에 일일이 맞춰줄 수는 없는 노릇이다. 내가 왜 그 사람의 감정에 놀아나야 하는가? 그 사람의 기분에 따라 어깨춤을 추기도 하고, 그 사람의 기분에 따라 울고불고해야 하는가? 그렇게 하면 나답게 살 수 없다. 내 삶의 주인공은 나인데 말이다. 내 삶을 주체적으로 선택하며 살아가고 싶다면, 불필요한 타인의 감정에 연연해하지 말고, 묵은 감정을 털어낼 수 있어야 한다.

'NO'를 할 줄 아는 용기가
좋은 관계를 만든다

　나에게 인간관계에서 중요한 원칙 중 하나는 다른 사람을 험담하지 않고, 남에게 폐를 끼치지 않는 것이다. 자기 자신이 떳떳하다고 여긴다면 세상 사람 절반이 자신을 싫어한다고 해도 별반 신경 쓸 필요가 없다. 어떻게 모든 사람을 만족시키며 살 수 있겠는가? 그런 사람은 둘 중 하나이니, 신이거나 사기꾼일 것이다. 심지어 공자나 소크라테스 같은 성인들도 다른 이들의 미움을 받고 모함으로 내몰리기도 했다.

　요컨대 나를 미워하는 사람들이 있다면, 그들에게 연연하지 말라. 그 시간에 해야 하는 일에 집중하고, 날 좋아하는 사람들과 좋은 시간을 보낼 생각을 하라.

　미움받는 것이 두려워 거절하지 못하는 콤플렉스를 가진 사람도 있다. 하지만 그렇게 해서 억지로 일하게 되면, 자신의 인생이 고달플뿐더러 남에게도 피해를 주게 된다.

　몇 년 전 아는 동생에게 교육 관련 일을 하자고 제안한 적이 있었다. 그녀는 하겠다고 했는데, 어느 날 보니 낯빛이 심히 어두웠다. 그래서 어디 아프냐고 하니 괜찮다고 했다. 그런가 보다 하고 지나갔는데, 한참 뒤에 다른 사람을 통해 그 일이 너무 하기 싫었다는 이야기를 들었다. 그래서 그녀와 차 한 잔 마시면서 솔직한 감정이 무엇인지 캐물었다. 몇 번 주저하다가 내가 들은 것처럼 이실직고했다.

'NO'를 할 줄 모르는 그녀의 성격 때문에 여러 사람이 피해를 본 것이다. 그녀 자신이 첫 번째로 그렇고, 다음으로 그녀가 성심성의껏 일하지 않았기 때문에 나도 피해를 보았으며, 끝으로 그 일을 맡아서 할 수 있었던 그 누군가는 일할 기회를 잃어버린 것이다.

이렇게 'NO'를 하지 않아서 더 관계가 나빠지는 일은 비일비재하다. 반면, 'NO'를 할 줄 아는 용기가 더 좋은 관계를 만드는 경우가 많다. 솔직함이 최고의 전략이라는 격언도 있지 않나? 미움을 받을 용기가 부족해서 일을 그르치고 관계를 더 어렵게 만드는 건 피해야 할 것이다.

다른 사람의 감정에 끌려다니면서 자신을 속이고 소중한 시간을 낭비하며, 오늘을 충실히 오늘답게 살지 못하는 어리석음을 반복해서는 안 된다.

《논어》〈팔일편(八佾篇)〉은 말한다.

성 사 불 설　수 사 불 간　기 왕 불 구
成事不說, 遂事不諫, 旣往不咎

이미 이루어진 일에 대해서는 해명을 구하지 않고, 난 일에 대해서는 따지지 않고, 지나간 일에 대해서는 책망하지 않는다.

이미 끝난 일, 내 손을 떠난 일에 집착하는 건 불필요한 감정 소모를 하는 것이다. 누군가의 감정 놀음에 휘둘리는 것도 마찬가지다. 그것 역시 내 손을 떠난 일이고, 나의 일이 아니므로 거기에 집착하지 말라. 그런 식으로 자신의 소중한 인생을 허비할 필요가 전혀 없다.

05

진정한 프로,
어디서든 내가 주인공이 된다

배우들은 종종 "작은 배역은 없다"라고 말한다. 지금은 대배우가 된 황정민은 지난날 〈장군의 아들〉, 〈쉬리〉 등의 영화에서 몇 초 정도 출연하는 조연을 맡았다. 하지만 그 작은 배역에도 충실했기에 점차 주목을 맡았고 훗날 모든 이가 좋아하는 국민 대배우가 될 수 있었다. 그는 주연 배우가 된 이후에도 카메오로 출연하는 등 자신의 사소한 컷 하나하나에도 최선을 다하는 모습을 보여주며 스태프들의 찬사를 받았다. 관객들의 뇌리에 주연으로 착각이 들 정도로 강렬한 인상을 남겼음은 물론이다. 인생이라는 영화도 마찬가지다. 작은 배역 하나하나에 마치 주연처럼 최선을 다할 때 큰 성공의 기회도 오는 법이다.

프로의 태도는
겸허하다

K대학교에서 석·박사과정을 밟는 동안 나에게는 한 가지 큰 즐거움이 있었다. 그건 학교에서 주차비를 받는 여성 주차요원 때문이었다. 한 평도 안 되는 유리 상자 안에서 일을 하니 답답할 법도 한데, 그분은 늘 웃는 얼굴로 나를 대했다. 웃기만 하는 것이 아니라 친절하게 인사까지 해주셨다.

"오늘은 늦으셨네요."

"오늘은 날씨가 너무 덥죠."

"오늘 비가 많이 오니까 조심해서 들어가세요."

매번 따뜻한 인사말을 전했으니, 진정성 있는 그분의 인사는 나의 학교생활을 즐겁게 했다. 나중에 기회가 되면 그분을 한번 인터뷰해보고 싶다는 생각이 들 정도였다.

나는 열심히 사는 사람을 좋아한다. 프로는 어떤 자리에서든 자신의 일을 열심히 해낸다. 그런 면에서 그녀는 진정한 프로다. 자기가 맡은 업에 대해서 최고인 사람, 그 일을 즐기는 사람, 그런 이가 정말 멋진 사람이다. 세월이 흘러도 그분이 잊히지 않는 것은 그녀가 자신이 맡은 일에서 존경받을 만한 프로였기 때문이다.

모든 자리에서 프로로 살아갈 수 있는 태도는, 내 역할에 대한 오만한 자부심에서 나오는 것이라기보다는 반대로 어떤 자리에서도 충실한 겸허함에서 나오는 것이다. 원래 빛나고 높은 자리를 자신이 맡은 것이 아니라, 자신의 태도가 그 자리를 높게 만들어 스스로 빛을 내는 것이다.

《논어》〈태백편(泰伯篇)〉에는 이런 말이 나온다.

여 유 주 공 지 재 지 미   사 교 차 린   기 여 부 족 관 야 이
如有周公之才之美, 使驕且吝, 其餘不足觀也已

주공과 같은 탁월한 재능을 가졌다 하더라도 인색하고 교만하다면, 나머지는 살펴볼 필요도 없다.

주공은 고대 중국 주나라 무왕의 동생으로 무왕을 도와 주나라를 연 개국 공신인데, 탁월한 능력을 가지고 있었기에 형 무왕과 조카 성왕을 도와 주나라의 통치 기반을 확립했고, 주나라의 모든 문물과 제도를 정비하여 모든 제후국의 존경을 받는 나라로 만들었다.

이 구절은 주공처럼 뛰어난 능력을 가지고 있다 하더라도 오만하다면, 쓸모없는 인간임을 말해준다. 반대로 남들에게 무소용인 것처럼 보이는 재능과 자질이 모자란 사람일지라도, 자신이 처한 자리에서 겸허하게 분발한다면 그는 어느 자리에서든 꼭 필요한 동량(棟梁)이 될 수 있다.

지금 여기에서
주인공이 되는 사람

비가 내리던 어느 날이었다. 오래 알고 지내던 Y 사장과 미팅하고 나오는데, 부슬부슬 비가 오고 있었다. 그는 비도 오는데 횟집에서 술 한잔하자고 제안했다. 그렇게 의기투합했고, 횟집에 들어가서 비도 오고 하니까 '화요'라는 술을 먹자고 서로 의견을 나누었다. 일전에 그와 함께 먹었던 그 추억이 좋았기 때문이다. 그런데 마침 그 집에는 화요가 없었다. 비가 추적추적 내리는 날에 다른 집을 찾기도 그래서 그냥 다른 술을 주문하고 기다리는데, 나도 모르게 혼잣말로 "아, 화요가 먹고 싶은데" 했던 모양이다. 이내 안주와 함께 술이 나왔다. 물론 화요는 아니었다. 그런데 우리는 그 술병을 보고 깜짝 놀라며 함께 웃었다.

서빙하는 아주머니께서 술병에 '화요'라고 종이 위에 써서 스카치테이프로 조그맣게 붙여둔 것이다. 아주머니에게 나중에 물어보니 "화요를 너무 드시고 싶어 하는 것 같아서 기분이라도 좀 좋아지시라고 그렇게 했어요"라고 했다. 우리는 감동받았고, 그 집의 단골이 된 것은 물론이다.

자신이 지금 맡은 일이 하잘것없어 보이고, 그래서 불평불만이 생길 수도 있다. 하지만 '다른 자리에서 잘하면 되지' 하는 생각은 그 자체로 습관이 될 수 있다. 늘 여기 이 자리에서는 불평불만을 갖고 더 나은 어딘가를 꿈꾸는 것이 체질화되면 곤란하다. 그런 마음 상태가 자신의 인생을 하류 인생으로 만드는 것이다.

'수처작주 입처개진(隨處作主 立處皆眞).'

이는 불교 경전 《금강경(金剛經)》에 나오는 말로, '자신이 처한 곳을 따라 주인공이 되니 그곳이 모두 진리다'라는 뜻이다. 세상의 숨은 프로들은 어디서든 인생의 주인공이 될 줄 안다.

지금 처한 자리가 어디든 그곳에서 최선을 다해야 한다. 그런 사람은 성공하게 되어 있다. 충실한 삶을 사는 것도 하나의 습관이니, 그런 사람이 있는 자리에는 언제나 서기(瑞氣, 상서로운 기운)가 함께한다. 그래서 누군가 끌어주는 사람을 만난다든지 좋은 기회를 얻는다든지 등등 필연적인 행운이 따르게 마련이다.

《논어》〈이인편(里仁篇)〉에는 이런 말이 나온다.

불 환 무 위　환 소 이 립
不患無位, 患所以立,
불 환 막 기 지　구 위 가 지 야
不患莫己知, 求爲可知也

직위가 없음을 걱정하지 말라, 내가 스스로 설 수 있는가를 걱정하라. 나를 알아주는 사람이 없음을 걱정하지 말라. 나 자신이 누군가 알아줄 만한 사람인가를 걱정하라.

이 구절은 현대를 살아가는 우리에게 말한다. 직장이나 직위가 없는 것을 걱정하지 말고, 내가 지금 있는 자리에서 자립하고 있는지 걱정하라고. 내가 남한테 얼마나 인정받고 있는가를 걱정하지 말고, 내가 인정받을 만한 태도를 보이고 있는지를 걱정하라고. 우리에게 좀 더 중요한 건 지금 이 자리에서 자기 인생의 주인공으로 자립하는 것이다.

06

스타가 되기 전에
먼저 기본이 단단한 사람이 된다

나는 유명한 스타가 되는 것보다 나 자체가 되는 게 더 우선이다. 스타가 되기 위해, 얼굴을 알리기 위해 무리하지 않는다. 한 방송국에서 어떤 분야의 전문가로 나를 초빙한 적이 있었다. 하지만 나는 정중히 고사했다. 아직 그 분야에 대한 내 식견이 그리 깊지 않다고 여겼기 때문이다. 당장 얼굴을 알리고 스타가 되는 것보다는 나 자신에게 충실하고 대중에게 솔직한 사람이 되는 게 더 중요했기 때문이다.

유명한 사람이 되기 전에 먼저 기본이 단단한 사람이 되어야 한다. 자기 몸에 걸맞지 않은 화려한 옷을 입고 있을 때는 늘 불안 속에서 살아야 할 것이다. 하지만 기본이 튼튼하고 내실이 꽉 찬 사람은 어디서나 빛이 나는 법이다.

포장하며
사는 일이 더 어렵다

실제 생활과 대외의 생활이 다른 사람이 많다. 어떤 책을 읽고 저자를 만나보면 실망하는 경우가 비일비재하다. 그런데 나를 접한 대다수 사람은 내가 방송이나 일반 모임에서나 책에서 하는 말이 모두 똑같다고 한다.

나와 오랫동안 관계를 유지한 사람들이 나에 대해서 공통적으로 이야기하는 것도 너는 잘되었을 때나 망했을 때나, 잘 나갈 때나 힘들 때나 언제나 소나무처럼 그 모습 그대로라는 것이다.

나는 자기 자신을 다른 사람으로 포장하면서 사는 일이 훨씬 더 어렵다고 생각한다. 그런 일에 에너지를 낭비하면서 힘들게 살고 싶지 않다. 내가 변함없는 모습으로 살기 때문에 특별히 인맥관리를 하지 않아도 자연스럽게 사람들이 나를 찾아오고, 오랫동안 친분을 유지할 수 있다고 여긴다.

살다 보면 자신의 진짜 모습에 대해 착각하기 십상이다. 자신의 직위나 간판이 자신의 본모습인 줄 아는 것이다. 소위 백그라운드와 자신을 혼동한 거다. 그래서 내가 어디 업체의 사장이면 어딜 가나 그런 대우를 받아야 한다고 여긴다. 자기가 교수면 언제까지나 교수인 줄 알고, 자신이 국장이면 자신의 존재 자체가 국장인 줄 착각한다. 그런 사람들은 퇴직하면 우울증에 걸리기 쉽고, 자기 직장이 아닌 곳에서 똑같은 대접을 못 받으면 분노를 일으키며 갑질을 한다.

자신의 간판을 진정한 자신과 혼동하는 우를 범해서는 안 된다. 그런 이름표는 언제든 바뀌게 마련이다. 내가 직위를 10개를 가지고 있다고 해도 그것은 모두 내가 아니다.

존재 자체로 살 수 있다면 간판이 생기고 사라지는 것에 딱히 영향받지 않는다. 플러스 혹은 마이너스 되는 것이 없기 때문이다. 흥하든 망하든 언제나 평상심을 유지할 수 있다. 늘 자기 자신으로 존재하기 때문이다.

사회적으로 성공하거나 간판에 대한 욕심이 강한 사람일수록 자신으로 사는 훈련이 되어 있지 않은 경우가 많다. 그런 사람일수록 현재의 자신을 비하하거나 무리한 일을 벌이기 십상이다. 그리고 원하는 간판을 얻었을 때 남을 하대하고 그것을 놓지 않으려고 처절하게 매달린다. 자기중심을 갖지 못하고 상황에 따라 늘 요동치는 것이다.

간판에 연연하기 전에 존재로서의 나, 진짜 나를 찾는 것이 중요하다. 스타가 되기 이전에 철저하게 자기 자신이 되는 경험, 변함없는 자기 자신으로 살아가는 훈련을 해야 한다. 자신을 포장하는 것이 당장은 이익이 되고 상황을 유리하게 만들 듯하나, 결국 진실은 드러나게 마련이다. 요컨대 누군가를 속이면서 사는 건 삶과 비즈니스를 훨씬 더 어렵게 만든다.

명실상부한
인생이 아름답다

물론 외면을 전적으로 도외시하라는 말이 아니다. 그것은 세상에 대한 예의가 아니다. 공자 역시 외양과 내면을 두루 갖춘 다음에 원만하게 빛나는 성인이 될 수 있다고 했다.

《논어》〈옹야편〉에는 이런 말이 있다.

질 승 문 즉 야　문 승 질 즉 사　　문 질 빈 빈 연 후 군 자
質勝文則野, 文勝質則史, 文質彬彬然後君子

본질이 꾸밈을 넘어서면 거친 듯하고, 꾸밈이 본질을 넘어서면 충실하지 못하다. 꾸밈과 본질이 서로 조화를 이룰 때 군자가 될 수 있는 법이다.

이 구절이 말하고자 하는 바는 우리의 삶에서 형식과 실질이 모두 중요하다는 것이다. 우리는 살아가면서 하나에만 너무 치우쳐 다른 하나를 소홀히 하는 경우가 많다. 인생을 살아가다 보면, '명실상부(名實相符)'라는 말의 중요성을 되새기게 된다. 이름과 실질이 서로 부합하는 것이니, 그렇게 할 수 있을 때 비로소 성인으로 거듭날 수 있다고 여긴다. 신뢰할 수 있는 어른이 된다는 것이다.

골프로 알게 된 D 사장을 통해 소개받고 찾아온 한 여성 CEO가 있었다. 그녀는 나중에 솔직히 고백했다. 나를 처음 보고 '저런 사람

에게 내 고민을 이야기해도 될까?' 했단다. 내 얼굴을 보고 선입견을 품은 것이다.

나를 멀찍이서 바라본 많은 사람에게서 "인형처럼 생겼다", "평생 공주 대접을 받으면서 살아온 것 같다" 하는 이야기를 종종 듣는다. 미스코리아였던 어머니로부터 양호한 외모를 물려받은 것이 여성으로서 감사한 일임에는 분명하지만, 강의와 코칭을 병행하는 나로서는 그 때문에 나의 전문성이 의심받는 건 아무래도 억울하다. 나의 성격도 지나온 삶도 공주나 인형과는 매우 거리가 멀었기 때문에 더욱 그렇다.

손에 물 한 번 안 묻혔을 것 같은 교수님이 제 고민을 들어도 공감이나 할 수 있겠냐고 서두를 꺼내면, 나는 미소를 지으면서 일단 이야기를 해보라고 한다. 고민을 듣다 보면, 내가 겪었던 고생에 비해서 훨씬 덜하게 느껴지는 경우도 많다. 물론 누구나 자기 손에 박힌 가시가 가장 아픈 법이기는 하다.

심지어 내가 이혼했다고 하면 '남편이 잘살아서 위자료를 많이 받았나 보다'라고 생각하고, 솔로로 20년을 넘게 살았다고 하면 '남자 친구가 돈이 많은가 보다'라고 생각한다. 나는 가방이든 자동차이든 집이든 모두 내가 벌어서 산 것이다.

여기서 구구절절 다 이야기하기는 힘들지만, 한 사람의 여자로서 한 가지도 견디기 힘들었던 고통을 나는 마치 순회공연을 하듯이 다 거쳤으며, 그것을 어떻게든 이겨내고 이 자리까지 왔다.

물론 내담자와 고통 배틀을 하고 싶지는 않다. 다만 내가 위기에 처하고 흔들리는 많은 사람의 어려움을 공감할 정도는 된다는 것이다. 인형처럼 수동적으로 살지도, 공주처럼 받들어지는 인생을 살지도 않았기 때문이다. 세상의 칼날에 숱하게 얻어맞아 상처투성이지만, 그 상처를 훈장 삼아 기어코 굴복하지 않고 온전히 내 힘으로 여기까지 왔다.

나는 상처투성이의 인생을 살아온 지금의 내가 더 좋다. 외면만 인형처럼 화려한 건 내면이 충실한 것보다 못하다고 믿기 때문이다. 인형이라는 것이 뜯어보면 실상은 지푸라기 같은 공허함뿐이니, 나는 그렇게 살지도 않았고 그런 존재로 취급받고 싶지도 않다.

《논어》〈술이편(述而篇)〉은 말한다.

반 소 사 음 수   곡 굉 이 침 지   낙 역 재 기 중 의
飯疏食飲水, 曲肱而枕之, 樂亦在其中矣

소박한 밥을 먹고 물을 마신 뒤에 팔을 베개 삼아 누웠으니 즐거움이 이 안에 있다.

이 구절을 잘 되새긴다면 우리가 어떤 마음가짐으로 살아가야 할지, 어떤 마음가짐이 나를 평온한 삶으로 이끌지 알 수 있다. 컴퓨터 용어로 디폴트(default, 특별한 입력이 없을 때 미리 정해진 상태)값이라는 것이 있다. 기본값이라는 말이다.

기본값이 단단한 사람은 웬만한 세파에도 바위처럼 굳건할 수 있

다. 그것은 그냥 얻어지는 게 아니다. 평소에 훈련해야 하는 것이다. 그것은 바로, 아주 소박한 상태에서 즐거움을 찾는 훈련이다. 그러한 마음의 초석이 없는 사람은 지금 당장 재산이나 지위가 있을지라도 늘 부평초처럼 떠돌면서 불안한 삶을 이어가게 마련이다.

좌절의 순간에는
마침표가 아니라 쉼표를 본다

나는 늘 혼자 사막을 걷고, 혼자 비를 맞았다. 혼자서 모든 일을 처리하면서 앞으로 나아갔다. '누군가 우산을 잠시만이라도 빌려줘서 쓸 수 있다면 좋겠다' 하는 바람도 많이 가졌다. 하지만 나는 세상을 원망하지 않았다.

사소한 거라도 나에게 주어진 것에 감사했고, 하루하루 집중해서 더 나은 나를 위해 열심히 살려고 노력했다. 나에게 없는 것을 탐하며 괴로워하기보다는, 내가 가진 것에 더 감사하면서 그걸 자원으로 삼아 조금씩 성장해가기로 마음먹은 거다.

나를 둘러싼 환경에서 부정적인 것만 보면 세상이 그렇게 모질 수 없지만, 또 좋은 점을 바라보면 세상은 참 아름답다. 비 오면 비 오는 대로, 바람 불면 바람 부는 대로 나름의 멋이 있고, 나름의 의미가 있다.

그러다가 좌절의 순간이 오면, 잠깐 쉬어간다고 여겼다. 물론 처음부터 내가 이런 마음가짐을 가질 수 있었던 것은 아니다. 워낙 많이 넘어지다 보니 그렇게 마음가짐을 가져야만 견뎌내고, 힘을 비축해서 또 앞으로 나아갈 수 있음을 깨달은 거다.

방향을 전환하기 위한
멈춤의 시간

40대 초반에 금융 회사를 접었을 때 나를 참 많이 돌아보았다. 30대의 나는 남의 시선을 너무 의식을 했고, 내부 일보다는 외부 일에 더 열중했다. 구체적인 사연이야 구구절절하지만 대략 정리하자면, 알맹이보다는 껍데기에만 너무 신경을 썼던 것 같다. 생각 이상의 성공에 잠시 오만하지 않았나 반성하게도 되었다. 하지만 좌절하지 않았다. 어쩌면 그보다 더 힘든 순간들, 그보다 더 바닥이었던 시간들이 있었으니 다시 시작하면 된다고 생각했다.

그즈음에 한 기자가 날 인터뷰하려고 찾아왔다. 한참을 인터뷰하던 말미에 이런 말을 했던 기억이 난다.

"기자님, 그런데 왜 자꾸 마침표처럼 이야기하세요. 저는 마침표가 아니라 쉼표예요. 제 인생은 원래 업다운이 심했어요. 이제 전 올라갈 일만 남았어요."

마침표가 아니라 쉼표! 이 말은 그대로 그 기사의 메인 타이틀이 되었다.

인생에 힘든 순간이 없을 수 없다. 실망하고 좌절하는 순간이 꼭 찾아온다. 하지만 인생은 본래 그런 것이다. '인생지사(人生之事) 새옹지마(塞翁之馬)'라고 하지 않는가? 고난의 행로는 장기적인 관점에서 보면 동굴이 아니라 저기 멀리 빛이 보이는 터널이듯, 인생이라는 여행을 떠나면서 겪게 되는 멈춤의 순간은 방향을 전환하기 위해 서거나 새로운 차로 갈아타기 위해 정류장에서 잠시 쉬어가는 순간일 뿐이다. 마침표가 아니라 쉼표인 것이다. 그리고 그 쉼표는 우리를 더 나은 세계로 인도할 것이다.

성공에서
성장으로

나만 잘 살면 된다고 생각하던 시절이 나에게도 있었다. 내 앞에 놓은 삶의 무게가 너무 무거웠기에 다른 사람을 돌아볼 틈이 없었다. 치열한 경쟁에서 살아남아야 했고, 성공한 사람들을 보면서 나도 그들처럼 화려하게 살고 싶었다.

오직 목표, 오직 성공을 향해 주위를 돌아보지 않고 경주마처럼 내달리기만 했다. 누구보다 빨리 그 지점에 도달해야 했다. 그래서 내가 금융계에서 일하던 시절에는 항상 최연소 기록을 갈아치웠다. 최단 시간에 팀장이 되고, 최연소 지점장이 되었다. 워크숍에 가서 팀원들과 운동해도 1등을 할 만큼 경쟁심이 강했다.

선릉역 강남 노른자위 땅에 회사를 세웠다. 회사 안에 긴 복도가 있고, 독립된 방도 많았다. 그때 아는 분이 찾아와 삼성동에 있는 우리 회사를 보고 인상이 깊었던지 '궁궐 같았던 회사 방문기'라는 동영상으로 만들어서 인터넷에 올리기도 했다.

30대 후반의 나는 명품백을 메고 명품 옷으로 온몸을 두르고 다녔다. 그것이 성공이라고 믿었고, 그것이 나라고 믿었다. 긴 어둠의 시간에 대한 보상이 필요했고, 내가 성공했다는 것을 알아줄 남의 시선이 중요했던 거다. 오만함은 그냥 사라지지 않고, 조금씩 균열을 만들기 시작했다.

'깨친 유리창의 법칙'이라는 말이 있다. 한 실험의 결과로 공장에 깨진 유리창 하나를 방치하기 시작하면 회사에서 만들어내는 제품의 불량률이 높아지고, 생산성이 떨어진다는 것이다. 매일 깨진 유리창을 보는 직원들의 마음이 해이해지기에 댐에 금이 가다 터져버리는 것처럼 나중에는 감당할 수 없는 지경이 되는 거다. 그래서 작은 유리창이 깨진 것 하나라도 쉽게 생각하면 안 된다.

당시 나의 상황이 그러한 단계를 밟아가고 있었다. 대외적인 영업에만 신경을 쓰고 내부를 전적으로 일임하고 돌보지 않은 대가가 큰 둑을 무너뜨리는 망치질처럼 치명적인 문제들로 나타나기 시작했다. 직원들이 알아서 잘할 줄 알았다는 것은 물론 변명에 불과했다. 적어도 그 부분에 대해서만큼은 경영자로서 자질이 부족했다는 것을 인정해야만 했다.

그렇게 시나브로 회사가 어려워지기 시작했다. 그러던 어느 날 아침 회사 문을 열고 들어섰을 때, 일하는 수십 명의 직원이 돌연 커다란 바윗돌로 다가왔다. 급기야 궁궐 같은 사무실이 무지막지한 짐이 되어 나를 짓누르기 시작했다.

나와 내 회사의 성공을 위해서 직원들을 방송에도 내보내고, 강의할 기회도 마련해주고, 각종 방법으로 프로모션했다. 그렇게 해서 스타를 만들어놓으면, 자신들이 모두 뛰어나서 성공한 것으로 생각하기도 했다.

그러다 어느 순간 하루아침에 썰물 빠지듯 직원들이 빠져나가면서 회사도 점차 무너져갔다. 마지막으로 내 손으로 회사 문을 닫던 날을 기억한다. 외환빌딩 금싸라기 같은 건물 꼭대기에 있던 사무실에 책상과 의자를 모두 빼고 마지막으로 불을 끄고 나오던 날, 텅 빈 사무실처럼 내 마음은 공허하고 서글펐다.

그러고도 끝은 아니었다. 마지막 남은 직원들에게 의리를 지키고 연봉을 끝까지 지급하기 위해 남의 회사에서 1년간 일하기도 했다.

그렇게 사람도 잃고 돈도 잃으니 생각이 달라지기 시작했다. 언제든 변할 수 있는 것이 아닌, 변하지 않는 나 자신에게 투자하기로 마음먹었다. 성공이라는 목표를 향해 막무가내 달리는 경주마가 아닌, 매일 조금씩이라도 나아지며 그 과정을 즐기는 성장을 위한 삶을 살겠노라 다짐했다.

나의 이런 경험담을 통해 우리에게 다가오는 좌절이 고통스럽기 짝이 없지만, 대부분 그것은 마침표가 아니라 인생의 방향을 전환하기 위한 쉼표임을 말해주고 싶다. 위기는 곧 기회라는 말이 있다. 우리가 인생의 절박한 고난을 맞이했을 때, 그것을 더 행복해지고 더 발전하기 위한 하나의 긍정적 신호와 계기로 삼을 줄 알아야 한다.

역경이
나쁜 것만은 아니야

동양철학계의 거성(巨星)이자 동양 오성(五聖, 다섯 명의 성인) 중 한 명으로 꼽히는 맹자는 말했다.

"사람이 덕과 지혜와 기술과 지식을 갖게 되는 것은 항상 어려움을 겪었기 때문이다. 외로운 신하와 서자는 늘 위기를 생각하고 대비를 하니, 그 사려가 깊고 멀다. 따라서 원하는 바를 이룰 수 있는 것이다."

맹자의 말처럼 역경이 꼭 나쁜 것은 아니다. 우리 삶에 덕과 지혜와 같은 소중한 보물들을 가져다주기 때문이다.

다시 나의 사례를 들어보면, 폐업하고 한동안 멍하니 시간만 흘려보내다가 그동안 쌓은 지식과 역량을 바탕으로 금융 관련 연구소를 열었다. 그런데 놀라운 일이 벌어졌다. 외형의 성장을 위해 미친 듯이 내달리기만 한 그 광적인 질주를 멈추고 나니 오히려 일이 더 많아졌다. 강의도 더 들어오고 큰 규모의 계약도 성사되기 시작했다.

강남 한복판에서 직원들 50명으로 사업을 꾸려가던 때와 매출 규모는 비교할 수 없지만, 임대료나 연봉 같은 고정비가 나가지 않고, 단출한 인원으로 연구소를 끌고 나가니 더 실속 있게 일할 수 있었다. 수입이 1천만 원이라도 그전처럼 1억 원의 지출이 발생하지 않으니 9천만 원을 번 것 같았다. 가만히 앉아서 돈 벌고 있는 듯한 즐거운 경험을 하게 되었다.

그리고 그동안 내가 얼마나 스트레스를 받고 있었는지도 알게 되었다. 열심히 산다는 미명 아래 나 자신을 괴롭히고 있었던 것이다. 딸들은 외국에 유학을 보내놓고, 내가 뭘 위해서 이렇게 열심히 살았던가? 사업에 실패하고 나서야 하나씩 그 실상을 알게 되었다.

또한 그동안은 남의 눈에 맞춰서 살았다. 남의 시선을 무너트리는 일이 삶에서 얼마나 중요한 일인가를 조금씩 깨닫게 되었다. 내 인생과 내 행복을 다른 사람들의 기대와 시선에 맞춰서 살았으나, 그때부터 나답게 살기로 마음먹었다. 진정한 자립의 길로 나아가겠노라 결심한 것이다.

그러면서 경제적인 문제도 회복이 되었고, 조금씩 심신이 회복되기 시작했다. 어쩌면 마흔 즈음에 그렇게 크게 무너진 것이 나에게는 외형이 아닌 내실을 위한 삶으로 전환하는 계기가 되었지 싶다. 말하자면, 알맹이가 단단해지는 시간이었던 거다.

그리고 그때부터 K대학교 문화교차학과에서 철학을 공부하면서 삶의 템포가 조금 여유로워졌다. 지금 와서 돌이켜보면 감사하게도, 가장 적절한 시점에 가장 적절한 공부를 시작한 셈이다.

나이 여든이 넘어도 목표지향적인 사람이 있다. 내가 알고 있는 대기업과 중견기업의 중간 정도 되는 상당한 규모의 기업을 운영하는 회장님은 지금도 공장으로 바삐 오가며 매출액에 얽매인 채 살아가고 있다.

반면, 나는 큰 실패를 겪고 학교로 들어가 철학을 공부하면서 목표지향적인 삶에서 빠져나왔다. 가치를 지향하고 결과보다는 과정, 성공보다는 성장을 지향하는 삶으로 조금씩 바뀌게 되었다. 사업 실패라는 불운을 밑거름으로 더 큰 행복의 꽃이 피어난 게 아닐까 생각하면서 역경을 겪었던 것에 오히려 감사한 마음이 든다.

공자는 말했다.

"어질지 못한 사람은 곤궁한 곳에 오래 거처하지 못한다. 또한 즐거운 곳에서도 오래 거처하지 못한다. 어진 사람은 덕성 속에서 평안함을 얻는다. 지혜로운 사람은 어진 덕을 이익으로 삼는다."

지혜가 없으면 곤궁한 곳에서 적응하지 못하고 견디기가 괴롭고, 그래서 결국 사건 사고를 일으킨다. 그런데 즐거운 곳에서도 오래 거처할 수 없는 이유는 무엇인가? 즐거운 곳에서는 쾌락에 빠져 건강을 망치거나 그 속에서 더 많은 걸 얻으려 과욕 부리다가 실수하고 결국 그곳에서도 머물 수 없게 되는 것이다.

지혜로운 사람은 어느 곳에 있든 그 자신의 덕성 속에서 이미 편안하다. 좌절 속에서도 내일을 꿈꿀 수 있는, 변함없는 지혜와 덕성을 갖춰야 한다. 결과만 놓고 절망하기보다는 그 절망을 통해 스스로 어진 사람이 될 수 있도록 노력해야 한다. 남의 시선에 아랑곳하지 않고 온전히 자기 삶에 충실하며, 좌절 속에서도 마침표가 아닌 쉼표를 보는 바위처럼 단단하고 자립적인 덕성을 길러 나아가야 한다.

02

소 통 을   논 하 다

좋은 소통이
좋은 인연을
만든다

사람의 의도를 알고자 한다면
귀가 열릴 때까지 기다린다

공자는 말했다.

"군자는 그 말을 보고 사람을 선택하지 않으며, 그 사람을 보고 말을 버리지 않는다."

전자는 그 사람의 말이 옳은 바를 구구절절이 말하더라도 언행일치가 되지 않는 등 그에게 흠결이 있을 수 있기에 그를 섣불리 발탁하지 않는다는 것이다. 후자는 어떤 평판이 좋지 못한 사람이 있을지라도 그가 옳은 말을 하는 경우도 있으니, 귀를 기울여 들을 필요가 있다는 것이다.

이 이야기는 사람과 말이 꼭 일치하지 않는다는 단순하지만, 재삼되새겨볼 만한 지혜를 알려준다. 따라서 한 사람을 제대로 알고 그가 말하는 바의 진의(眞意)를 파악하려면 그와 그가 하는 말에 대하

65

여 한 걸음 더 깊이 들여다볼 필요가 있다. 이를 위해 충분한 관심과 인내심을 발휘해야 한다. 이런 노력이 사람을 섣불리 판단해서 겪는 오해와 갈등, 관계의 실패보다 더 큰 효용을 가져다주기에 우리는 위의 공자 메시지를 쉽게 흘려들어서는 안 된다.

근본을
뒤흔드는 코칭

경청하는 습관, 사람을 인내심을 갖고 바라보며 진의를 파악하는 역량 함양은 대학원에서 코칭을 공부한 덕분이다. 말하자면 코칭을 본격적으로 공부하고 내 것으로 체화하면서 나는 성격의 변화까지 경험할 수 있었다. 그만큼 코칭이라는 학문이 가진 힘은 대단한 것이다.

처음부터 코칭에 관심이 있었던 것은 아니다. 40대 초반에 크게 사업 실패하고 나서 빈털터리로 다시 인생을 시작해야 했을 때, 위기의식에 사로잡힐 때마다 오히려 더 장기적인 플랜으로 미래를 설계해온 과거의 본능이 다시금 발휘되었다.

'인생 2막은 나 자신을 위한 삶을 살자. 나의 가치를 높이는 일에 더욱 투자하고, 언제나 변함없이 배신하지 않는 나에게 더 집중하자'고 마음을 먹었다.

그렇게 해서 대학원에 진학할 것을 계획하고 진행하였는데, 다른 사람이 나에게 뭐라고 하든 목표는 높게 설정하고자 Y대학교 언론홍보대학원에 지원서를 넣었다. 그러자 '거기가 얼마나 어려운 곳인데 네가 되겠어?' 하는 비아냥의 말들이 들리기 시작했다. 하지만 개의치 않고 차근차근 준비했다. 전공은 광고홍보학이었는데, 8:1이라는 높은 경쟁률이었다. 어쩌면 안되어도 할 수 있는 만큼만 해보자는 심정으로, 마음을 비우고 도전했기 때문이었을까? 결과는 합격이었고, 실제로 길길이 날뛰지는 않았으나 몸이 붕 떠 있는 것처럼 더할 나위 없이 기분 좋았다.

결론부터 말하자면, 공부는 재미있었고 교수님도 잘 대해주셨지만, 나는 오래 다니지 못했다. '앞으로 내 업과 관련되어 있어야 하는데, 광고라는 길이 나에게 과연 잘 맞는가' 하는 회의가 들기 시작했다. 광고 분야는 자본주의 사회에서도 가장 치열한 경쟁 구도 속에 있는 일인지라 그 분야의 교육자가 될 것이 아니라면, 오랫동안 해당 분야에 업력이 있고, 그런 일이 체질에 잘 맞는 사람들이 할 수 있는 일로 보였다. 광고를 '자본주의의 꽃'이라고 부르긴 하지만, 또 한번 치열한 삶의 현장 속에 나 자신을 내몰고 싶지는 않았다.

그러다 보니 '내 미래의 모습을 그려봤을 때, 실질적으로 나에게 필요한 공부가 맞는가?' 하는 근본적인 고민을 다시 시작하게 되었다.

나는 예전과 달리 서로를 밟고 올라서야 하는 경쟁하는 삶이 아니라, 그저 사람들을 더 나은 모습으로 성장시키고 긍정적인 에너지를 주고, 정서적 교감을 나누는 일을 하고 싶었다.

결국 Y대학교 석사과정을 그만두기로 했다. 교수님들이 극구 만류하셨고, 주변 사람들도 왜 명문대 대학원을 그만두냐며 이상하다는 눈으로 나를 바라봤다. 하지만 오랫동안 충분히 고심하였고, 결정하면 뒤도 돌아보지 않는 나의 특성상 번복할 수는 없었다.

한편으로 돌이켜보면, 30대의 결과 중심적인 사고방식이었으면 그러한 결정을 못 했을 것이다. 좌절을 통해서 생성된 성공보다는 성장을, 결과보다는 과정을 중시하는 마음의 기제가 나를 새로운 도전으로 이끌고 있었다.

그러한 우여곡절 끝에, 내 미래의 업과 잘 맞는다고 여겨지는 K대학교 경영대학원 리더십 코칭 과정에 지원했고, 다행히 합격해서 다니게 되었다. 처음에는 공부하는 과정에 다소 불만과 의아함이 있었다. 나는 그동안 오랫동안 강의하고 음으로 양으로 상담도 해줬던 리더십을 배우고 싶었는데 코칭만 강의했기 때문이다. 심지어 내가 너무 경솔했나, 하는 후회감까지 들었다.

하지만 시간이 점점 흐르면서 코칭과 리더십이 분리될 수 없는 분야임을 알게 되었고, 코칭에 대한 학습이 더 근간이 된다는 것도 깨우치게 되었다.

코칭을 처음 접했을 때는 이해가 잘 안 되었다. 그냥 답을 주면 되는데, 왜 자꾸 생각하라고 하는지 초보적인 의문부터 가지게 된 것이다. 나는 오랫동안 컨설팅과 강의를 해왔던 사람이다. 말하자면 솔루션을 주는 여자, 해답을 알려주는 여자였던 거다. 시간은 금이

고, 가장 빠르고 정확한 솔루션, 행동 지침을 던져주는 것이 나의 일
이었다. 그걸 해내지 못하면 유능하지 못하다는 강박적인 관념으로
살아왔던 사람이다.

골프를 친다고 하면, 어떤 골프채로 어떻게 치는지, 스크린 골프장
은 어떻게 다니는지, 답이 정해져 있는 것이다. 그런데 코칭은 말을
하지 못하게 하니 답답할 노릇이었다. 물론 솔루션이 필요한 기술적
분야도 있겠지만, 코칭은 본인 스스로 알아차리는 작업이기 때문에
방법이 다를 수 있다는 걸 몰랐다.

코칭은 인내심을 가지고 기다리고 들어줘야 하는 작업이었다. 왜
그것을 하는지, 이걸 하면 어떤 기분이 들 것 같은지, 이걸 통해 원하
는 것은 무엇인지, 목적이 무엇인지 질문을 던지고 그 속에서 답을
끌어내는 작업인 것이다. 이렇게 질문을 하고 기다리는 것이 처음에
는 무척 힘들게 느껴졌다. 나중에야 알게 되었지만 이것은 단순한
공부가 아니라 내 삶의 태도, 내 삶의 방식, 심지어 나의 성격까지 나
자신을 근본적으로 뒤흔드는 과정이었다.

귀가
열리는 경험

시간이 지나면서 점차 코칭의 방식에 적응이 되어갔다. 그러면서

소위 귀가 열리기 시작했다. 귀가 열린다는 것은 상대방, 내담자가 가지고 있는 숨은 의도를 파악하게 된다는 것이다. 그렇게 숨은 의도를 파악하면 그 사람이 스스로 해답을 찾아내도록 유도할 수 있게 된다. 그때부터 근본적인 변화가 일어나는 것이다.

표면적인 이야기만 하는 게 아니라 '이 사람이 말하는 내면의 의도는 뭘까?'를 생각하고, '어떤 방향으로, 어떤 방식으로 질문하고 나아가야 도움이 될까?'를 생각하면서 경청하기 때문에 듣는 힘이 점차 커지는 것이다.

그러다 보니 지금은 내 강의를 수강하는 학생에게서 이런 말도 듣는다.

"교수님, 교수님은 경청을 엄청나게 잘하시는 것 같아요. 듣는 힘이 장난이 아니시네요."

그러면서 성격적인 변화도 일어났다. 운동을 해도 후다닥 하고, 시간을 칼같이 쪼개서 쓰고, 당장 솔루션을 내놓던 급한 성격에서 다소 여유로운 성격으로 바뀐 것이다. 듣고, 기다리고, 숨은 긍정적 의도를 들여다보고. 그렇게 시나브로 중대하고 실질적인 변화가 내면에서 일어나는 것들을 보면서 천천히 나아가는 게 역설적으로 가장 빠른 지름길로 나아가는 방법임을 깨닫게 된 거다.

《논어》〈위정편(爲政篇)〉은 말한다.

子曰, 視其所以, 觀其所由, 察其所安,
자왈 시기소이 관기소유 찰기소안

인 언 수 재
人焉廋哉, 人焉廋哉

공자께서 말씀하셨다. 그가 행하는 것을 보고, 그가 살아온 바를 살피고, 그가 편안하게 여기는 바를 관찰하라. 사람이 어떻게 자신을 숨기겠는가?

공자는 사람을 잘 관찰하면, 그 사람을 반드시 알 수 있다고 했다. 역설적으로 그 사람의 행함과 살아온 바와 편안하게 여기는 바를 유심히 관찰하지 않으면 그 사람을 제대로 알 수 없는 것이다. 한 사람을 제대로 알기 위해서는 조급함에서 벗어나 여유와 인내로써 접근해야 한다.

상담에서뿐만이 아니라 누군가와 훌륭한 의사소통을 하고 싶다면 인내심을 가지고 상대를 관찰해야 한다. 그러면 인간관계에서 점차 눈과 귀가 열리는 경험을 할 수 있다.

진정한 사랑의 첫 번째 조건,
자립한다

나이가 많든 적든 연애를 힘들어하는 사람이 많다. 어떤 사람은 금세 사랑에 빠지는가 하면, 어떤 사람은 한 번 사랑에 빠지기가 힘들지만 일단 시작하면 오래가는 연애를 한다.

연애는 잘되지만 결혼이 어려운 사람이 있고, 한두 번의 연애만으로 금방 결혼에 이르는 사람도 있다. 함께하는 동안, 매번 사랑하는 사람을 테스트하듯 괴롭히며 힘들게 만드는 사람도 있고, 연애를 잘하다가도 사이가 깊어질 만하면 이별을 선언하는 사람도 있다.

그것은 모두 상대방에게 문제가 있다기보다는 자신 안에 어떤 특정한 마음의 메커니즘이 작동하기 때문이다. 그 마음이라는 공장의 시스템을 잘 살펴보고 개선하면 이성과도 좋은 관계를 맺을 수 있을 것이다.

그렇다면 이성을 대하는 내 마음 시스템의 어떤 부분을 개선해야
할지 하나씩 생각해보자.

허물없이 지내는 것이
반드시 좋은 사귐은 아니다

존중과 예의가 필요하다. 이성 상대와 관련해서 먼저 내 경우를
예로 든다면, 나는 무엇보다 인성이 좋은 사람을 선호한다. 다음으
로 취미가 비슷하면서 대화가 잘 통하고 좋은 언어를 쓰는 사람이라
면 금상첨화일 것이다. 언어는 그 사람의 인격이기 때문이다. 그런
기본이 있다면 나머지 부분은 얼마든지 대화를 통해 풀어갈 수 있다
고 생각한다. 솔직하게 마음을 열고 대하되, 상대방을 존중하면서
예의를 잃지 않는 것이 중요하다.

《소학(小學)》에는 이런 이야기가 있다.

'정이천 선생이 말했다. 요즘 사람들은 서로 예의와 허물없이 함
께 즐기는 것을 뜻이 맞는 친구라고 생각한다. 성품이 모나지 않고
비위를 맞춰주고 듣기 좋은 말을 하는 사람을 마음이 맞는 사람이라
고 여긴다.

그렇지만 이런 사귐은 오래갈 수 없다. 서로 인격을 갖고 존중하
고 예의를 갖추어 공경하며, 잘못을 보면 충고하여 바른길로 이끌

사람이 오래 함께할 수 있는 사람이다.'

송나라 때 주자가 유소년들에게 유학의 근본을 가르치고자 제자를 통해 편찬한 《소학》은 유학을 민간에까지 널리 퍼뜨린 주요 유교 경전 중 하나다. 조선에서는 성균관 입학생들에게 필수교과목으로 통했다. 정이천(程伊川) 선생은 정자(程子)로도 불렸는데, 주자의 스승이라고 할 수 있다.

아무리 가까운 사이일지라도 기본적인 예의는 갖추어야 한다. 가장 허물없는 관계인 부부 사이에도 예의를 잃으면 다툼이 벌어진다. 인격을 갖추고 함께 올바른 길을 지향하는 사람이 오래 교제할 수 있는 좋은 친구, 좋은 반려자가 될 수 있다.

의존은
사랑이 아니다

옛 남자 친구들……. 그 남자는 내가 회사 회장님들과 골프를 치고 다니니까 그게 보기 싫어서 회사를 그만두라고 했다. 또 다른 그 남자는 자기가 먹여 살릴 테니까 대학원에 굳이 다닐 필요가 없다고 했다. 하지만 나는 그렇게 하지 않았다. 내가 하는 일이 못마땅하게 여겨진다고 하는 남자와 굳이 관계를 끌고 갈 필요가 없었다. 언제든 쿨하게 보내줬다.

내가 하나하나 이룬 것들을 존중해주지 않는 남자 때문에 모든 걸 그만둘 수는 없었다. 그리고 앞으로 갈 길이 구만리인데, 남자 하나만 믿고 내 모든 커리어를 포기할 수는 없는 일이었다.

남녀가 모두 독립적이야 좋은 연애를 할 수 있다고 생각한다.

데이트 비용을 쓸 때도 나는 내가 비록 MZ세대는 아니지만 공평하게 쓰려고 노력했다. 나는 남자 친구를 기다리면서 시간을 낭비하는 것도 싫지만, 남자 친구가 나를 위해 일부러 기다려주는 것도 달갑지 않았다. 서로가 불필요한 시간 낭비를 할 필요는 없다고 생각한다. 물론 이것도 생일이라든지 특수한 상황에 따라 어느 정도는 달라질 수 있지만, 기본적으로는 그래야 한다는 것이다.

결혼생활을 하는 많은 여성이 나에게 상담할 때, 이런 이야기를 한다.

"결혼해도 그 사람은 그 사람이고 나는 나더라고요."

결국 한 번 사는 인생, 자신이 주체가 되어야 한다는 깨우침이 필요한 것이다.

연인이나 배우자에게 너무 의존하면 불행해지기 십상이다. 자립적인 사람이 연애도 잘한다. 헛되이 다른 사람을 구속하려 들지도 않고, 기대가 채워지지 않아 실망하게 되는 일도 없다. 좋은 사람끼리 서로 사랑과 애정을 나누고 필요하다면 의지처가 되어줄 수 있는 관계가 좋은 연애, 좋은 결혼생활이다. 여기서 좋은 사람이란 첫 번째로 자립한 사람이라는 말이다.

한 사람이 한 사람에게 전적으로 의존하기보다는 자립적 두 주체가 만나는 것이 나는 좋은 관계, 좋은 인연이라고 생각한다. 그리고 그런 관계에서 진정한 사랑이 피어난다고 믿는다. 의존을 사랑으로 착각하면 안 된다.

열린 마음으로
솔직하게 대화한다

우리 내면에는 누구나 유소년 시절, 자라나는 과정에서 생긴 문제를 완전히 해결하지 못하여, 성장을 멈춰버린 어린아이 같은 구석이 있다. 심리학에서는 그것을 '내면의 아이'라고 표현한다. 코칭이나 심리상담 등을 통해 자기 안에 숨어 있는 '내면의 아이'를 잘 발견하고 치유한다면, 조금 더 나은 연애 혹은 결혼생활을 할 수 있을 것이다.

나 역시 나의 '내면의 아이'를 들여다본 적이 있다. 내 속에 있는 어린아이는 이렇게 말하고 있었다.

내가 만난 남자는 크게 두 사람이었는데, 그중 한 분은 아빠였다. 중학교때까지만 나를 케어해주고 내 곁을 떠났기에, 나는 늘 아빠의 존재를 그리워하며 살아왔다. 두 번째로 만난 전남편 역시 여러 사정으로 결국 내 옆에 끝까지 함께하지 못하게 됐다. 그런 과정을 거치면서 남자들은 어차피 떠날 사람이고 내가 힘들 때 곁에 있어주지 않으니까 믿을 수 없다는 생각을 많이 했던 것 같다.

하지만 그와 달리 내가 일을 하면서 노력해서 얻은 성과와 나 자신은 나를 배신하지 않기 때문에 나는 더욱 나 자신과 내 자녀들을 지키기 위해 일에 몰두하게 되었다.

그래서 지난 시절의 내 연애를 돌이켜보면, 남자를 만나는 동안 나는 끊임없이 방어벽을 치고 있었는지도 모른다. 나는 매일 이별하면서 남자를 만나고 있었던 것이다. 그러니 헤어져도 울 일이 없었다. 한없이 쿨하지만, 한계가 많은 연애를 했던 것이다.

오랫동안 철학과 코칭을 공부하고 내면을 돌아보면서 연애에서도 조금씩 변화된 모습을 보이려고 한다. 거친 부분을 조금씩 연마하고 있는 거다. 나에게 잘 대해주는 모습에는 감사한 마음을 표현하고, 그 사람을 위해서 내 시간과 에너지를 기꺼이 쏟게도 되었다.

이제 남자 친구를 위해서 어느 정도 기다릴 줄도 알게 되었다. 내가 기꺼이 하는 일은 힘들지 않고 즐거운 법이다. 상대방을 더 존중하고 상대에게 더 많이 나를 내어주게 되었다. 더 많이 칭찬하고 인정해주려고 노력한다. 진정한 마음의 교류를 나누는 것이다.

물론 그렇다 하더라도 여전히 나는 독립적이고, 상대방에게 의존하지 않는다. 다만, 자립적이면서도 좀 더 원활하게 소통하는 인간적 연애를 하는 능력을 배가한 것이다.

그리고 그러한 진심 어린 교류의 첫 번째는, 기다리고 시간을 내

주고 상대방에게 나를 보여주는 것보다 더 중요한 건 솔직한 대화를 나누는 거다.

나는 연애할 때 허심탄회하게 대화하려고 노력한다. 내 마음을 솔직하게 고백하는 것이다. 소위 여자들이 자주 쓰는 표현인 "'당신이 뭘 잘못했는지 알아?' 하는 식으로 남자를 궁지로 몰면서 괴롭히지 않는다. 내가 기분이 안 좋으면 안 좋다고 이야기하고, 화가 났으면 무엇 때문에 화가 났는지 정확히 이야기한다.

"아까 자기가 이런저런 말을 해서 내가 무시당하는 느낌이었어. 어떤 의미의 이야기인지 물어봐도 돼?"라고 이야기하면, 상대방이 그런 뜻이 아니었다고 충분히 해명한다. 그러면 나는 "알았어, 그런 마음이 아니었다면 넘어갈게"라고 말하고, 두 번 다시 그 이야기는 꺼내지 않는다. 서로의 마음을 오픈해서 대화를 통해 생각을 공유하면 대개의 문제는 해결된다.

상호 신뢰를 바탕으로 마음을 열고 솔직한 대화를 나누는 것이 이성 간의 문제를 최소화하는 최선책이라고 생각한다.

《논어》〈술이편〉은 말한다.

인 원 호 재　아 욕 인　사 인 지 의
仁遠乎哉, 我欲仁, 斯仁至矣

인이 멀리 있는가? 내가 그렇게 되고자 한다면 인은 곧 나에게로 다가온다.

여기서 말하는 인은 사랑으로 해석할 수 있다. 사랑이라는 것도 근본적으로는 외부에 있는 것이 아니라 내 안에 있는 것이다. 사랑을 찾아 헤매는 방랑자, 사랑을 구걸하는 걸인이 되지 말라. 내가 사랑받을 만한 사람이 되면, 내가 사랑으로 가득한 사람이 되면, 사랑은 저절로 찾아온다.

내 안의 사랑을 스스로가 느끼고 밖으로 끌어내는 것이 우선이다. 내가 독립적으로 설 수 있고 사랑의 에너지가 충만한 사람이 되면, 아름다운 인연들이 결코 헛되이 지나가지 않을 것이다. 연인으로든 친구로든 사업적인 파트너로든 말이다.

03

질문과 경청으로
상대방을 안다

인간관계를 할 때 무엇보다 중요한 것은 상대방과 공감을 일으키는 거다. 공감을 한 이후에 모든 면에서 협조를 끌어내고 상생하는 인연을 만들어갈 수 있기 때문이다. 그렇다면 어떻게 공감할 수 있는가? 공감하려면 서로에 대한 오해가 없어야 하니 원활한 소통을 통해 상대방의 실상을 알아야 한다.

내가 좋아하는 경전 문구 중 '시이불견(視而不見), 청이불문(聽而不聞)'이라는 말이 있다. 《대학(大學)》과 《도덕경(道德經)》에 나오는 구절이다. 보아도 보이지 않고, 들어도 들리지 않는다는 말이다. 눈앞에 수동적으로 보인다고 해도, 그것이 제대로 눈에 들어오지 않고, 역시 수동적으로 귀에 들린다고 해도, 그것을 제대로 듣지 못하고 지나치게 된다는 것이다.

이 문구 앞에는 '심부재(心不在)'라는 말이 동반한다. 심부재란 무엇인가? 마음이 없다면이다.

마음은 바로 관심이다. 우리가 관심을 두지 않는다면 보아도 볼 수 없고, 들어도 들을 수 없다. 다시 말해, 관심과 애정을 두지 않는 모든 대상에 대해서 우리는 제대로 볼 수 없고, 제대로 들을 수 없다. 따라서 좋은 의사소통을 위한 근본은 상대방에 대해 마음을 두고서, 그 대상에 대해 제대로 보고 듣는 것이다. 그렇게 해야 상대의 참모습을 알 수 있고, 원활한 관계를 만들어갈 수 있다.

진실을 위한
질문의 힘

대학원을 다닐 때 나는 늘 선글라스를 끼고 다녔다. 수업받으러 들어갈 때도 선글라스를 꼈고, 학교 앞 복사집에 복사하러 가거나 도서관 갈 때도, 학교 식당에 식사하러 갈 때도 선글라스를 꼈다. 그렇게 늘 선글라스를 끼고 다닌 덕분(?)에 졸업할 때쯤, 한 대학원 동기에게서 사람들이 "연예인병 걸린 거야?" 하며 비아냥댄다는 이야기를 전해 들어야 했다. 하지만 나는 선글라스 뒤로 눈물을 흘리고 있었다는 진실을 말할 기회를 얻지 못했기에 억울함을 삼켜야 했다.

안구 건조증이 너무 심해서 조금 밝은 곳에 가면 눈이 아프고 심할 때는 눈물이 났다. 그래서 밝은 곳일라치면 얼른 선글라스를 껴야만 했다. 누군가가 볼 때 나는 연예인병에 걸린 사람이지만, 선글라스 뒤에 숨은 진실은, 나는 안질환을 앓고 있는 환자였던 것이다.

사람들은 관계에서 이처럼 자신들이 생각하기 쉬운 방향으로 판단하고 비난하고 미워한다. 그렇게 잘못된 선입견을 간직한 채 끝내 버리는 경우가 많다. 그리고 자신이 오해받을 때는 증오심에 부들부들 떠는 일을 반복한다.

그 사람이 그렇게 나를 후일 누군가에게 비아냥대는 소재로 삼지 않고, 나를 지나치던 그때 한 번만 "선글라스를 좋아하나 봐요?" 하고 물어봤더라면 내가 선글라스를 휴대전화보다 더 열심히 챙길 수밖에 없는 내막을 알았을 것이다. 그러면 그 사람은 '아이고. 저런! 나중에 인공눈물이라도 사줘야겠다' 하는 생각을 했을 것이다. 그랬다면 지금 좋은 친구가 되었거나 적어도 좀 더 우호적인 관계를 만들어가고 있을 것이다.

더 나은 인간관계 구축을 위해 우리는 관심과 애정을 갖고 질문하고, 그 답변을 유심히 들어야 한다. 그것이 경청과 질문의 힘이다. 그래야 피상적으로 보이는 현상에 숨은 속뜻을, 사건과 사람의 실상을 제대로 헤아릴 수 있다.

또 한번은 이런 일이 있었다. 동국대학교에서 강의하고 있을 때였다. 한 학생이 책상 앞에 엎드려 졸고 있었다. 그 모습만 보고 나는 당연히 불쾌했다. '내 강의가 재미가 없나? 이 학생이 나를 무시하나?'하는 생각이 왈칵 솟구쳤다. 하지만 나는 차분히 그 학생에게 물었다.

"얘야, 많이 피곤하니?"

"어제 아버지가 아파서 응급실에 다녀왔어요. 밤새 병원을 들락거리느라 잠을 못 잤어요. 그런데 교수님 강의가 너무 듣고 싶어서 온 거예요."

내가 물어보기 전, 이 학생은 밉고 게으른 학생이었다. 그런데 물어보고 실상을 알고 나니 어찌나 예쁘고 기특한 학생이던지!

다짜고짜 판단해버리는 실수를 줄여야 한다. 상대방에 대해 관심이 없고, 관심이 없으니 경청하고 질문하는 일을 하지 않는 것이고, 그렇기에 실상을 알지 못하는 것이다. 경청과 질문을 할 수 있다면, 섣부른 편견과 그에 따른 오해의 분노에서 벗어나 진실에 부합하는 싱그러운 삶을 살 수 있다. 그 자체가 애정으로 가득한 밝고 아름다운 에너지이기에 더욱 그렇다.

말이 잘 통하는 여자의 비결

결혼정보 회사에 다니는 지인 언니가 한 명 있다. 지금은 아니지만, 과거에 괜찮은 남성이 있으면 한 번씩 소개팅 자리를 주선해주곤 했다. 나중에 언니에게 이야기를 들어보면, 나를 만난 남성들 모두 피드백이 좋았다고 했다. 그 사람들이 말하는 공통점 하나가 있다. 말이 통하는 여자를 처음 만났다는 것이다. 나는 소개팅 외에도 사람들과 이야기해보면, 말이 잘 통하는 여자라는 소리를 꽤 자주 듣는다.

왜 그런지 생각해보면, 사실 그 비법은 매우 단순하다. 비법의 키워드는 인정, 칭찬, 경청, 질문이다.

상대방이 하는 일, 상대방에 대해서 인정을 해주고, 장점이 있으면 진심으로 칭찬해주고 질문을 던지는 것이다. 사실 이 모든 건 상대방에 대한 배려와 관심이 없으면 불가능하다. 나는 짧은 만남일지라도 그 자리에서만큼은 최대한 집중하려고 노력한다. 그 집중이 배려와 관심으로 나타나고, 구체적인 행동으로 인정, 칭찬, 질문이 뒤따르는 것이다. 매 순간의 만남에 집중하는 것은 내 삶을 소중하게 여기기 때문이기도 하다.

어쩌면 그분들이 말이 잘 통하는 여자라고 하지만, 그 이유는 자신들이 충분히 많은 말을 할 수 있었기 때문일 수 있다. 내 이야기는 별로 듣지도 못했지만, 끝나고 나서 말이 잘 통하는 사람이라고 느끼는 것이다. 대체로 자기 이야기를 잘 들어주는 사람에 대해서는 누구나 호감과 좋은 이미지를 갖게 마련이다.

상대방의 이야기를 듣고만 왔다고 해도 나는 전혀 불편하지 않다. 상대가 편안해하고, 즐거워하는 모습을 보면 나도 행복해지기 때문이다. "무엇을 할 때 행복하세요?", "부부가 된다면 어떤 성향의 여자와 함께 하고 싶으세요?", "노후에는 어떤 삶을 살고 싶으세요?", "여자를 볼 때 어디를 제일 많이 보세요?" 등등 나는 사람들을 만나서 이런저런 질문을 던지는데 실제로 그 사람의 생각이 궁금하기도 하다. 사람들이 각기 다른 다양한 생각을 품고 있으니, 그런 이야기를 듣는 게 재미있다. 그러다 보니 나중에는 나도 모르게 질문을 던지는 나를 발견한다. 그리고 긴 인연이 되지 않을지라도, 그 사람에게 내가 할 수 있는 매너는 다 지킨다.

한편으로는 직업병일 수 있겠다는 생각도 든다. 코치들은 기본적으로 질문을 많이 한다. 왜냐하면 질문이 그 사람의 의도를 잘 파악할 수 있게 하기 때문이다. 1:1 코칭을 할 때부터 단련된 것이다.

"왜 그렇게 생각하시게 됐나요? 그 사람의 입장에서는 어떤 생각이 들 것 같아요?"라고 물어보면서 그 사람이 어떤 사람인지, 어떤 고민을 갖고 있고, 내면에 있는 해답을 어떻게 도출할 수 있는지 알아볼 수 있기 때문이다. 그런데 이렇게 질문하는 것은 비단 코칭에만 한정된 의사소통 방법이 아니다.

사람은 누구나 인정받고 싶어 하고, 자신의 이야기를 잘 들어주길 바란다. 따라서 칭찬하고 인정하고 질문을 던지는 것은 상대에 대한 기본적 매너이자 의사소통을 원활하게 하는 비결이다.

이런 소통을 통해 상대방에 대해 좀 더 잘 알고, 깊이 있는 공감을 끌어낼 수 있고, 그렇게 공감이 형성되었을 때 인간적인 문제든 비즈니스 문제든 성공적인 관계, 발전적인 관계를 만들어갈 수 있다.

자하는 공자의 손자이자 사서삼경 중 하나인《중용(中庸)》을 쓴 위대한 유교 철학자다. 그는 이렇게 기술했다.

'군자는 신임을 얻은 이후에 백성들을 위해 노력하는 것이다. 믿음을 얻지 못한다면, 자신들을 힘들게 만들려 한다고 생각할 것이다. 또한 믿음을 얻은 이후에 임금에게 간해야 한다. 신임을 얻기 전이라면, 임금은 자신을 비방한다고 생각할 것이다.'

이는 실천과 논리 이전에 신망이 있다는 말이다. 신망은 현대적인 말로 전환하면 공감이라고 할 수 있다. 먼저 마음을 얻고 나서 일을 부탁하거나 바른말을 하거나 다 통할 수 있는 법이다. 그리고 그 마음을 얻는 비결은 상대방을 인정하고, 질문하고, 경청하는 것이다.

04

자기중심적인 사람을
경계한다

'매사에 기본만 해도 절반은 간다'는 말이 있다. 의사소통을 잘하려는 것도 중요하지만, 상대방에게 불쾌감을 주는 언행을 하지 않는 것이 더 중요하다. 심리학자들이 평생을 함께하는 부부들을 연구해본 결과, 배우자와의 관계에서도 실수하고 나서 더 잘해주는 것보다, 상대방이 정말로 싫어하는 것을 잘 알아서 그걸 하지 않는 부부가 백년해로할 수 있다고 한다.

친구이든 가족이든 오래 동행하기 위해서는 얼마나 더 잘해주느냐가 관건이 아니라, 상대의 역린(逆鱗, 건드리면 죽임을 당한다는 용의 비늘)을 건드리지 않는 것에 방점이 있다는 거다.

그런 관점에서 현실에서 만날 수 있는 여러 유형의 잘못된 소통방식들에 대해서 살펴보고, 어떤 점을 유의하고 경계해야 하는지 생각해보자.

잘못된 의사소통의
유형들

의사소통을 잘 못하는 전형 중 하나는 여러 사람이 있는 와중에 남의 이야기는 듣지도 않고, 자기 말만 하는 이들이다. 한번은 네 명이서 같이 골프를 즐기다 나왔는데, 함께 차를 마시는 자리에서 일행 중 한 명이 90% 이상 자기 이야기만 했다.

"내가 저번에 이글을 했는데, 파 오에서 말이야."

"아, 네, 축하드려요"라고 말하기가 무섭게 또 쉴 틈 없이 자기 이야기를 해댔다.

"저번에는 홀인원을 할 뻔했잖아!"

나는 분위기를 보고 다른 이에게 말을 건넸다.

"L 대표님도 저번에 이글을 한 적 있지 않으세요?"라고 말꼬리를 돌리기도 하고, 또 소외된 다른 이가 있으면, "K 대표님도 골프 좋아한다고 하셨죠? 다음번에도 같이 갈 수 있겠네요" 하며 여러 사람이 두루 이야기를 나눌 수 있도록 분위기 전환을 했다.

늘 대접만 받아온 사람들은 좌중이 자기중심으로 돌아가지 않는 것에 대해서 못 견뎌 하고, 모두가 자신만 바라보길 바란다. 그렇게 혼자 계속 이야기하는 동안 다른 사람들이 자신을 철없는 어린아이처럼 바라보고 있다는 걸 모른다.

다음으로, 자신의 인맥 자랑에만 열중하는 사람들이 있다. 한마디로 호가호위(狐假虎威, 여우가 호랑이의 위세를 빌림)하는 유형이다. 만나자마자 내가 이 사람도 알고, 저 사람도 알고, 국회의원 누구를 알고, 어떤 회장님을 알고, 묻지도 않은 인맥을 쭉 나열한다. 아주 가느다란 연결고리까지 끌어다 붙여서 그들에 대한 이야기를 늘어놓는다. 어떻게 보면 자기 가족에 대해서보다 그 사람들에 대해서 더 관심이 많다. 그 사람 딸의 취미생활이 뭐고, 아들이 그림을 잘 그린다느니, 이런 궁금하지도 않은 사실들을 장시간 나열하는 것이다. 이것은 모두 자존감이 낮기 때문에 벌어지는 일이다. 그런 이들을 상대할 때마다 나는 이렇게 말한다.

"저는 그분들이 아니라 사장님에 대해 알고 싶어요."

자신이 가진 것, 자기 자신에 대해서 더 주목하고 집중한다면 자신이 늘어놓았던 그 인맥보다 더 훌륭한 인품을 가진 사람이 될 수도 있을 것이다.

마지막 유형은 자기 생각에만 빠져서 쉽게 남을 규정해버리는 사람들이다. 예를 들어서 여러 사람이 앉아서 환담하는 자리에 한 스타트업 기업가가 있는데 몇 년째 제자리걸음을 하고 있다고 한다면, 많은 사람 앞에서 불쌍하다고 이야기하면서 측은한 사람으로 간주해버린다.

왜 한순간에 그 사람을 가련한 사람으로 만들어버리는가? 그 사람은 그 과정이 내실을 기하고 한 단계 더 도약을 준비하는 즐거운 시간이었을 수 있다. 그런데 순간 여러 사람 앞에서 그를 불쌍한 사람으로 규정해버리는 것이다. 도와주고 싶은 마음이 생기면 조용히 도와주면 되는 것이다.

한 가지 더 예를 들면, 이런 식으로 말하는 사람도 있다. "○○ 대표님은 고집이 센 것 보니까 저처럼 또라이 기질이 있으신 것 같아요" 하는 것이다. '또라이 기질'이라는 것이 자신은 좋을 수 있지만 상대는 별로 듣고 싶은 말이 아닐 수 있다. 그런데 그렇게 자기 생각대로 단정해버리면 여러 사람 앞에 프레임이 씌워져서 앞으로 사업을 하고 대인관계를 하는데 난감한 일이 벌어질 수도 있는 것이다. 제멋대로 남을 막무가내 규정하는 것 역시 매우 나쁜 의사소통 방식으로 점차 자신을 고립시킬 수 있음을 알아야 한다.

남을 비평하기만 일삼는 사람은 자신을 수양할 여유가 없다

가장 근본적인 문제는 남의 허물만 보고, 자신을 돌아보지 않는 것이다. 다른 사람의 허물을 찾는 일에만 몰두하는 사람은 인생에 발전이 없다. 남의 눈에 티끌은 보이고, 내 눈에 들보는 못 본다는 말이 있다. 인간은 본능적으로 자기 문제보다 남의 문제가 잘 보이는 경향성이 있는 것이 사실이다. 그렇기에 더욱더 자신을 객관화해서 바라보고, 반성하는 습관을 길러야 한다.

그 옛날, 자공(子貢)이 사람들을 평가하길 좋아하자 공자가 말했다. "단목사(端木賜, 자공의 본명)야. 너는 그렇게 현명하냐? 나는 그렇게 할(남을 비평할) 틈이 없구나."

자공은 공자의 제자 중 현실적인 면에서 가장 큰 성공을 거둔 인물이다. 사업으로도 크게 성공했고, 위나라의 재상을 지내기도 했다. 언변이 뛰어나고 수완이 좋았는데, 출세하기 전에는 언행에 대해 공자의 지적을 많이 받으면서 자신을 갈고닦았다.

단순히 남을 평가하는 걸 넘어 말끝마다 다른 사람을 비하하면서 말하는 사람도 있는데, 남을 깎아내리면 자신이 높아진다고 착각하는 것이다. 그것이 습관이 되면, 주변에 사람이 남아나지 않을 것이다.

공자는 이미 명성이 높은 스승임에도 불구하고, 자신은 스스로가 현명함이 부족하다고 여겨, 자신을 수양하기도 바빠 남을 비평할 틈이 없다고 자공에게 말했다. 공자도 이러할진대 범인(凡人)들은 어떻겠는가? 남의 허물을 들추기에 여념이 없는 사람은 대체로 인품이 저열하고 발전 가능성이 작은 것이다.

그 외에도 호언장담하는 유형도 있는데, 지키지 못할 장담을 해서 신뢰를 잃어버리는 사람들이다. 말끝마다 욕설하는 사람은 언급할 가치조차 없다. 자신의 이미지를 그보다 더 깎아 먹는 버릇은 별로 없을 것이다.

가뜩이나 요즘 갑질도 사회적 문제로 많이 대두되고 있는데, 외로움에 치여 사는 사람들 중에는 자신의 언행과 의사소통 방식에 큰 문제가 있다는 것을 모르는 이가 많다. 주위 사람들을 힘들게 한 대가로 천천히 자신이 점점 더 외로워졌다는 것을 인지하지 못하는 거다. 권력과 돈이 있을 때는 마치 외롭지 않은 것처럼 느끼다가 그게 사라지고 나가거나 늙고 병들게 되면 자신의 실상을 알게 된다. 만에 하나 죽을 때까지 건강하고 돈과 권력을 쥐고 있어서 사람들이 옆에 있다고 하더라도 그들은 모두 진심을 다하지 않는 껍데기일 뿐이다. 두려움이나 이익 때문에 비위를 맞춰주고 있을 뿐, 사실은 그가 외롭지 않았던 적은 한순간도 없다. 벌거벗은 임금님처럼 자신만 모르고 있었을 뿐이다.

《논어》〈태백편〉에는 이런 말이 나온다.

자 절 사　무 의　무 필　무 고　무 아
子絶四, 毋意, 毋必, 毋固, 毋我

공자께서는 네 가지를 끊으셨는데, 사사로운 뜻이 없었고, 기필코 해야만 하는 것이 없었으며, 집착하는 고집이 없었으며, 자기만을 챙기는 이기심이 없었다.

공자는 사람을 대할 때 지레짐작하여 남을 함부로 논하지 않았다.

그렇기에 사물과 사람을 선입견 없이 투명하게 그 실상까지 들여다 볼 수 있었다. 나만 옳다고 내세우거나 쓸데없는 고집을 부리지 않았고, 때로는 자신의 실수를 인정하는 겸허함이 있었기에 어디를 가나 명성이 높았고, 존경받았으며, 많은 제자를 거느릴 수 있었다.

반드시 뭔가를 해야 한다고 집착하고, 고집을 부리고, 사람을 볼 때는 선입견을 갖고, 자기만 내세우는 사람은 자기 자신에게 함몰된 자기중심적인 자이다. 이런 사람은 덕성이 없는 인물이니 외롭지 않을 수가 없다.

주위를 돌아보면 여전히 자신을 내세우기에 급급한 의사소통에 빠져 사는 사람이 많다. 자신의 사고가 절대적인 줄 알고 남의 말은 듣지 않는 유형의 사람들은 주변인들을 답답하게 만들고 하나둘씩 떠나게 만든다. 이외에도 신뢰할 수 없는 언행으로 자가당착(自家撞着)에 빠져 고립되는 사람이 많은데, 그들은 스스로를 망가뜨리는 잘못된 소통을 하고 있다는 걸 모른다. 이러한 사람들을 만나게 되면 반면교사(反面敎師)로 삼아 나에게는 그런 면이 없는지 잘 살펴야 한다.

교통과 통신 수단이 발전하고 협업이 늘어나면서 소통 능력은 점차 더 중요해지고 있다. 앞선 여러 유형을 참고하고 타산지석(他山之石)으로 삼아 스스로를 고립시키는 소통방식을 지양해야 할 것이다.

센스 있게
말하는 기술을 익힌다

예전부터 동양에서는 '침묵은 금이요, 웅변은 은'이라고 하여 말을 많이 하는 인물을 신뢰할 수 없는 사람으로 치부하기도 했다. 말보다 행동으로 실천하는 걸 중시했던 것이다.

하지만 현대사회는 지식산업사회로 협업이 점차 확대되면서 언어를 통한 의사소통이 더욱 중요해지고, 정보통신 기술의 발달로 의사소통이 폭발적으로 증가하는 것은 물론 전 세계의 사람들과 실시간으로 교류하는 시대가 되면서 화술의 중요성은 과거보다 훨씬 커졌다. 내가 싫든 좋든 의사소통을 많이 할 수밖에 없는 상황에 놓은 것이다.

그렇다면 매력적인 화술을 가지는 비결, 언어를 통한 좋은 의사소통 방법은 어떤 것이 있을까? 물론 앞선 장에서 언급했던 불량한 소통을 하지 않거나 그와 반대로 하는 것이 하나의 답이 될 수 있을 거다.

《논어》〈이인편〉에는 이런 말이 있다.

자 왈 　견 현 사 제 언 　 견 불 현 이 내 자 성 야
子曰, 見賢思齊焉, 見不賢而內自省也

공자께서 말씀하셨다. 현인을 보면, 그 사람과 같아질 것을 생각하고, 현명하지 못한 사람을 보면 스스로를 성찰한다.

현명하지 못한 말센스를 가진 사람을 보면 자신을 반성하고, 좋은 말버릇, 센스 있는 언행 습관을 가진 현인을 보면 하나라도 배울 생각을 해야 할 것이다.

앞에서 타산지석이 될 사례를 살펴보았으니, 이번에는 센스 있는 말하기 기술에 관하여 살펴보자.

상대의 입장을
염두에 두고 말한다

우선 내 이야기를 듣고 상대방이 어떤 기분이 들까를 생각하고 말하는 습관을 들이는 것이 좋다. 한가지 예를 들면, 어느 늦은 봄날 1:1 코칭을 받는 아는 동생 K가 스카프를 두르고 나왔다. 남자가 스

카프를 하는 경우는 많지 않기에 그 스카프가 상당히 감각적으로 보였다. 나는 K를 보자마자, 스카프가 굉장히 멋스럽다는 식으로 말했다. 그러자 K는 자기가 사실은 목이 안 좋아서 스카프를 안 하면 목이 가렵고 가래가 끓는다고 말했다. 나는 조금 머쓱한 기분이 되었다. K는 나에게 평소의 말버릇에 대한 주제를 중심으로 코칭을 받고 있었기에 자연스럽게 차를 한 잔 권한 후 이야기를 꺼냈다.

혹시 스카프에 대한 이야기를 다른 사람도 한 적이 있냐고 물었더니, 자기가 매일 스카프를 하고 다니니까 그 부분을 이야기하는 사람을 종종 만난다고 했고 그때마다 그렇게 답변했다고 한다.

늘 사실을 곧이곧대로 말하는 게 좋은 것만은 아니다. 가족관계라면 그렇게 솔직히 말하는 것도 괜찮지만, 사회생활로 엮인 가벼운 관계에서 칭찬으로 분위기를 좋게 하려고 말했는데, 아프다는 심각한 이야기를 꺼내면 당사자는 상당히 무안할 수 있다.

비즈니스에서 미팅을 시작할 때 의례적인 인사를 했는데, 칭찬한 사람이 머쓱해져 말을 조심해야겠다는 생각이 들면 처음부터 서로 위축되고, 의사소통이 덜커덕거릴 수 있다. 상대방의 좋은 마음만 고맙게 받아들이고, 칭찬한 사람도 흡족하도록 기분 좋게 인사를 받아넘기고 일을 진행하면 되는 것이다. 이러한 세부적인 기술은, 물론 그 근간에 상대방의 입장에서 생각하는 습관이 평소에 훈련되어 있어야 가능한 것이다.

센스 있는 말하기를 위해서는 첫 번째로 이렇게 내 이야기를 듣는 상대방의 입장에서 생각할 수 있어야 한다.

대화량을
고려한다

앞서 혼자 90%의 말을 독점하는 사람의 문제에 관하여 이야기한 것처럼 전문가에게 강연을 듣는 것과 같은 특수한 상황이 아니라면 서로 비슷한 비중으로 대화를 골고루 나누는 것이 원만한 관계를 이 끌 수 있다.

그리고 되도록 말을 많이 하기보다 상대의 말 듣기 위주로 하는 것이 좋다. 그렇게 하면 오히려 상대방은 서로 비슷한 비중으로 말을 했다고 생각할 것이다. 고전에 나오는 이야기 중 '내 자식은 남들 보다 똑똑해 보이고, 내 벼는 남들 논의 벼보다 늦게 자라는 것 같다' 는 말이 있다. 사람들은 다 자신의 관점에서 세상을 왜곡해서 보는 경향이 있기 때문이다.

그러니 정답은 없지만, 굳이 숫자로 나눠보자면, 내가 40% 남이 60% 정도 말한다고 생각하는 것이 좋고, 네 명이 만난다면 나는 20% 이하로 말한다고 미리 염두에 두는 것이 센스 있는 말하기의 기술이다. 만약 내가 혼자 90% 이상을 떠든다면, 당신이 상당한 돈 과 지위를 가지고 있지 않은 한 사람들은 다시는 당신을 만나고 싶어 하지 않을 것이다. 어쩔 수 없이 당신을 만나게 되더라도 보이지 않는 곳에서 험담하고 다닐지 모른다.

그리고 대화의 분량과 관련해서는 목계(木鷄)의 지혜를 되새길 필요가 있다. 목계는 이건희 삼성그룹 회장이 지난날 부회장이 되었을 때 이병철 선대 회장이 선물한 일화로 유명하다.

본래 목계는 《장자(壯者)》〈달생편(達生篇)〉에 나오는 우화다.

중국 주나라 선왕이 닭싸움을 좋아했는데, 당시 최고의 투계(鬪鷄) 조련사인 기성자에게 닭 한 마리를 주면서 최고의 싸움닭으로 만들라고 명령을 내렸다.

선왕은 여러 번 기성자에게 언제 되느냐고 물었다. 한번은 아직 자기 분에 못 이겨 싸우려고 든다고 하고, 한번은 다른 닭을 그저 오만하게 바라본다고 했다. 그러다 이제는 완성이 되었다고 말했는데 다른 닭이 위협을 가하거나 소리를 질러도 마치 나무로 만든 닭 모양처럼 흔들림이 없다고 했다. 그런데 그렇게 목계처럼 가만히 있는데 다른 닭들이 감히 덤벼들 생각을 못 한다고 했다.

사람의 실력이나 내공은 뛰어난 화술에서 나오는 것이 아니니, 말을 많이 하고 잘한다고 해서 남들이 나를 높이 보는 것이 아니다. 안으로 실력을 기르면 말이 적어도, 남들이 자연스럽게 존중하고 인정해준다. 그리고 내가 말을 해서 내가 아는 것을 다 늘어놓고 나 자신에 대해 미주알고주알 모두 알려서 얻는 이익보다 경청으로 얻는 이익이 훨씬 크다.

그러니 손해 본다고 생각할 것 없이 대화의 분량은 자신이 조금 적게 가져가는 게 좋다.

충고는 적당히 하고, 때와 장소를 가려서 말한다

내가 누군가에게 도움을 주기 위해 충고하려는 경우가 많다. 하지만 그 사람이 직접 겪어보기 전까지는 그 충고가 받아들여지지 않는 경우가 많다. 오히려 오해하거나 불쾌하게 여기는 경우도 비일비재하다. 따라서 인간관계에서 상대방에 대한 충고는 적당한 선까지만 하고, 관심을 갖고 그저 지켜보는 것이 필요하다. 이야기를 들어주는 것만으로도 스스로 답을 찾을 수 있기 때문이다. 상대방이 조언을 간구할 때만 자신의 생각을 들려주는 것이 맞다.

자공이 친구를 사귀는 도리에 관하여 묻자, 공자는 이렇게 답했다.

"성심성의껏 충고하여 올바른 도리로 이끌어라. 그게 되지 않는다면 멈추어, 스스로 모욕을 입는 일이 없도록 해야 한다."

특히 가족이나 친구가 아닌 일반적인 비즈니스관계에서는 충고보다는 차라리 상대방에 대해서 칭찬하거나 격려하는 습관을 들이는 것이 더 효과적이다. 물론 격려도 기계적으로 하는 것이 아니라 상대방을 잘 들여다보고 세세하게 콕 짚어서 칭찬해주는 것이 효과가 있다. 그래야 진정성이 느껴진다. 그리고 상황에 맞게 칭찬해야지, 아무렇게나 일단 좋은 말만 하고 보자는 식은 곤란하다.

뷰티 관련 회사를 운영하는 Y는 나에게 코칭을 받고 나서, 사람들에게 칭찬하는 습관을 들이도록 노력했다. 주위의 피드백이 좋자 더욱 신이 나서 칭찬하는 말을 많이 했다. 그런데 어느 날은 직원들에게 칭찬 같은 좋은 말을 했는데, 분위기가 냉랭해졌다는 이야기를 나에게 전했다. 구체적인 내용을 듣고 보니, 아침에 출근했을 때 직원들에게 "너희들이 너무 보고 싶었다"라고 이야기를 했다는 것이다. 그런데 여기까지는 아무런 문제가 없다. 그 말을 한 시점이 문제였다. 그날은 재택근무를 하고 난 다음 날이었던 거다. 그러니 직원들 입장에서는 '사장님이 우리가 재택근무를 하는 게 싫다는 말인가'라고 오해할 수 있었고, 그러니 어색한 미소만 지으면서 분위기가 가라앉을 수밖에 없었던 것이다. 그러니 감사, 격려, 칭찬 같은 좋은 말도 때와 장소에 맞게 가려서 사용해야 한다.

이른바 'TPO(Time시간, Place장소, Occasion상황)'에 맞게 해야 하는 것이다. TPO를 고려하지 않은 말, 기계적인 좋은 말은 자칫 실수가 되거나 들으나 마나 한 지겨운 소통이 될 수 있다. 따라서 원활한 소통을 위한 센스 있는 말은 상대에 대한 애정과 관심을 바탕으로 물 흐르듯 자연스럽게, 시절에 맞게 해야 한다.

아이메시지와
긍정적인 어휘로 이야기한다

상대방과 갈등이 생겼을 때 상대의 문제점을 지적하기보다는 자기 자신에 대한 메시지, 이른바 아이메시지(I-messege)를 들려주는 것이 좋다.

가정주부 P는 딸이 새벽 늦게 들어오면 야단을 치지 않을 수 없고, 그럴 때마다 싸움이 일어나는 것이 반복된다고 어려움을 호소했다. 그것도 역시 표현 방법에 문제다.

만일 "야이, 기지배야! 네가 정신이 있는 애니, 없는 애니?" 하는 식으로 비속어를 섞어서 아이를 비난하거나 비하하듯 말하면 다툼이 끊이질 않고 아이는 더 비뚤어지게 된다.

나는 그녀에게 아이메시지를 전달하라고 조언했다.

"네가 그렇게 늦게 들어오니 엄마가 너무 걱정되고 불안하다. 다음에는 좀 일찍 들어오면 엄마가 편안하게 잠을 잘 수 있을 것 같아."

효과는 금세 나타났다. 이렇게 자기 자신에 대한 메시지를 전달하니, "엄마, 알았어요. 다음에는 조심할게요" 하면서 분위기가 훨씬 부드러워졌단다.

상대방이 나를 힘들게 할 때 센스 있는 말하기 기술은 다른 사람을 자의적으로 판단하거나 비난하지 말고, 자신의 메시지를 전달하는 것이다.

마지막으로, 긍정적인 어휘를 사용하는 것이 좋다. 앞서 친딸에게라도 거친 언어를 사용하면 반발심을 불러일으키듯, 비속어나 욕설은 절대 삼가야 한다. 혼자 있을 때라도 그런 말은 삼가는 것이 좋으니, 평소에 훈련된 말이 자신도 모르게 튀어나오기 때문이다. 일본 속담에 '고운 말을 쓰는 사람이 복을 받는다'는 말도 있다.

같은 내용을 전달할 때 부정적인 어휘도 긍정적인 어휘로 전환하여 말하는 것이 중요하다. 한 연구 결과에 따르면, 뭔가를 결심할 때도 긍정적인 문장을 사용하는 것이 더 효과가 좋다고 한다. '잠자기 전에는 절대 스마트폰을 하지 않겠어'보다는 '머리맡에 책을 두고 잠들기 전까지 독서를 하겠다'처럼 긍정적인 문장을 사용하는 것이 더 효율적이라는 거다.

대화할 때 같은 내용이라도 긍정적인 단어 위주로 사용하는 것이 효과적인데, 사례를 하나 들면 이런 것이다.

나에게 1:1 코칭을 받고 있는 H는 화장품 매장을 운영하고 있다. 하루는 배운 대로 손님에게 칭찬했는데, 손님이 불쾌감을 드러내 당황했단다. 이야기를 들어보니, 한 할머니 손님이 찾아왔는데, "할머니, 진짜 안 늙어 보이세요"라고 말했다는 것이다.

여기서는 무엇이 문제일까? 이 문장에는 '늙었다'라는 부정적인 단어가 들어간다. '할머니'도 듣는 사람에 따라서는 부정적인 뉘앙스로 다가올 수 있다. 그러면 듣는 입장에서 늙긴 늙었는데 별로 티가 안 난다는, 조롱의 말로 들릴 수 있고 또는 그냥 늙었다, 할머니라는 단어 자체가 불쾌감을 불러올 수 있다. 이것은 부정적인 단어를 사용했기 때문에 생기는 문제점이다.

할머니라는 단어도 빼고 그냥 "손님, 관리를 어떻게 하신 거예요? 피부가 너무 좋으세요"라고 했다면 전혀 불쾌감을 불러오지 않았을 것이다. 어쩌면 그분은 자신을 전혀 할머니라고 생각하고 있지 않을 수도 있으니 말이다.

이렇게 들어보면, 센스 있는 말하기의 기술이 상당히 어려운 것 같지만 기본적 원칙은 간단하다. 내가 말하는 것은 좀 줄이고, 상대방에 대한 애정과 관심을 바탕으로 때와 장소 그리고 시기를 고려해서 말하는 것이다.

《논어》〈이인편〉에는 이런 말이 있다.

曾子曰, 夫子之道, 忠恕而已矣
증자가 말했다. 공자의 도리에는 충과 서가 있을 뿐이다.

증자는 공자의 대표적인 제자로 동양 오성(五聖) 중 한 사람이다. 여기서 부자(夫子, 덕행이 높은 스승)는 공부자(孔夫子), 즉 공자를 말하는 것이다.

증자는 공자의 도리가 충서로 일관되어 있다고 말했는데, 충(忠)은 충심(衷心)을 말하니 성실한 마음이고, 서(恕)는 여심(如心)이니 나의 마음에 비추어 남의 마음을 헤아리는 것이다. 즉 단순화시켜서 이야기하자면, 사람을 대하고 대화를 잘하는 도리 역시 남의 마음을 내 마음처럼 살피고, 충심 어린 마음으로 배려하는 것이라는 말이다.

06

긍정적인 에너지와 꾸준함으로 신세계를 개척한다

나는 페이스북, 인스타그램 같은 SNS를 '온라인 마을'이라고 칭한다. 지금 현대인 대다수는 옆집에 누가 사는지도 잘 모르는 경우가 많다. 오히려 옆집에 사는 사람들보다 온라인 마을의 이웃들에 대해서 더 잘 알게 된다. 이웃에 누가 이사 왔는지도 모르지만, 온라인 마을에 자주 놀러 오는 친구는 그가 개를 키우는지, 고양이를 키우는지 잘 알고 있다. '어제 고등어회 드셨다는데 맛있었어요?'라고 안부 인사를 보내기도 하고, '어제 코엑스에서 모이셨던데 그 모임은 누가 주관했어요?'라고 물어보기도 한다.

초등학교 동창을 만나도 할 이야기가 별로 없다. 30년을 넘게 만나도 누가 반장을 했다는 등 늘 하던 이야기다. 그런 이야기가 나쁜 건 아니지만, 아무래도 지금 일상에 도움 될 것은 딱히 없다. 하지만 온라인 마을에서는 나와 취미가 비슷한 사람들도 많고, 생활 방식이 흡사한 사람들의 이야기를 통해서 배울 수 있는 점이 많다. 무엇보다 생생히 살아 있는 현재의 이야기이기 때문에 더욱 흥미롭다. 그만큼 현대사회에서 온라인 마을의 힘은 강력하기에 SNS를 결코 도외시할 수 없는 것이다.

SNS를 10년 넘게 하다 보니, 이것저것 많은 경험을 했다. 한때 SNS에 올렸던 자료들로 책을 만든 적도 있다. 2015년부터 3년간 활동했던 내용을 1년마다 정리해서 세 권의 책으로 만들어서 갖고 있다. 나중에 노인이 되어서 과거를 추억하기에도 요긴한 자료가 될 것 같다. '이때는 참 예뻤었구나', '내가 이때 이렇게 열심히 살았었구나' 하고 즐겁게 지나온 세월을 돌아볼 수 있을 것 같다.

한편 현대사회에서 SNS는 추억의 기록이기도 하지만 중대한 소통의 창구이기도 하며, 동시에 새로운 사업의 기회를 열어주기도 하는 소중한 사회적 연결망의 역할도 한다. 많은 경제경영 분야의 전문가들이 가족 같은 단단한 연결고리나 전혀 연결고리가 없는 제삼자보다는 이렇게 느슨한 연결고리에서 사업의 기회가 생기는 경우가 많다고 이야기하며 이 온라인 네트워크의 중요성을 강조하고 있다. 따라서 자신의 삶을 좀 더 풍요롭게 하고 싶다면, 더 많은 비즈니스 기회를 통해 성공하고 성장하는 삶을 살고 싶다면, SNS 같은 온라인 네트워크에 무관심해서는 안 될 것이다.

내가 워낙 온라인 마을에 이웃이 많다 보니, SNS를 잘하는 요령에 대해서 궁금증을 갖고 물어보는 사람이 많다. 대단한 비결은 없지만, 생각나는 대로 몇 가지 정리해보면 이런 것이다.

긍정적인 방식으로
꾸준히 한다

나는 온라인 마을에 가급적 부정적인 내용은 올리지 않으려고 한다. 우리는 현실에 많이 찌들어 있다. 먹고살기도 힘들고 인간관계도 힘들다. 그런데 온라인 마을에까지 그런 괴로운 삶을 끌어오고 싶지 않다.

나는 내가 하루에 겪는 여러 일 중에서 좋았던 일 위주로 올린다. 내가 즐거워하는 모습을 보면 그것을 보는 사람도 즐거울 수 있는 것이다. 일례로, 며칠 전 월요일에 이런 글을 올린 적이 있다.

'일할 수 있음에 감사하고 월요일을 시작할 수 있는 이 아침이 너무 좋다.'

그러면 출근하기 싫다고 생각하던 사람들이 나의 글을 읽고 나서 '아, 일할 수 있는 것이 감사하구나, 월요일을 새로운 시작이라고 생각할 수도 있구나'라고 여기면서 활력을 얻을 수 있는 것이다. 나는 그렇게 온라인 마을을 통해서 굳이 나쁜 에너지를 전파하는 것이 아니라 긍정적인 에너지를 주고 싶다.

다음으로 꾸준히 하는 것이 중요하다. 하다 말다 하거나 중도에 그만둬서는 효과가 없다. 신뢰를 잃지 않고 효과를 보려면 장기적으로 계속해야 한다. 그리고 그렇게 하려면 가벼운 마음으로 작위적이지 않게 해야 한다.

나는 SNS를 처음 시작할 때 매일 긍정적인 정보나 기운을 가진 글이나 사진을 올리겠다 마음먹었고, 10년 동안 거의 빠짐없이 지켜나가고 있다. 이렇게 꾸준히 올릴 수 있는 것은 큰 욕심 부리지 않고 일상생활처럼 편안하게 하기 때문이다.

자하가 거보읍의 관리로 있을 때 정치에 관하여 묻자 공자는 이렇게 답했다.

"서두르지 말고, 작은 이익에 시선을 뺏기지 말라. 서둘러 이루려고 욕심을 내면 달성하지 못하고, 작은 이익만 보고 있으면, 큰일을 성공시키지 못한다."

사업도 마찬가지다. 소탐대실(小貪大失)하는 형국으로 서두르면 당연히 실패한다.

의류 관련 일을 하는 M 사장은 초창기에 자신의 옷을 홍보하는 자료를 한두 달 열심히 올리다가 지쳐서 지금은 더 이상 하지 않는다. 이미지 메이킹에만 신경 쓰면서, 빨리 경제적인 결과물을 얻으려고 억지로 작위적으로 하다 보니 힘들어서 오래 하지 못하게 되는 것이다.

나는 나의 일상 혹은 내가 하는 일들을 생각나는 대로 가볍게 올린다. 그렇게 편안한 마음으로 해야 SNS를 꾸준히 운영할 수 있다.

인생을 살아가는 것도 그렇지만 이 온라인 마을을 잘 관리하는 일도 어깨에 힘을 빼고 즐겁게 해야 한다. 그래야 오랫동안 할 수 있고, 그래야 새로운 세계의 장점을 십분 활용할 수 있다.

어디서든 마땅히
해야 할 도리를 지킨다

기본적으로 오프라인이든 온라인이든, 여기든 저기든 사람 사는 곳은 어디나 비슷비슷하다. 따라서 언제나 내가 바른 마음으로 살면 된다.

간혹 사생활 노출 문제를 걱정하는 사람들도 있다. 그런데 그 부분은 자신이 잘 통제할 수 있는 부분이다. SNS에 글을 쓰는 것은 순수하게 자기 선택으로 그렇게 하는 것이다. 누가 어떻게 쓰라고 강요하지 않는다. 내가 SNS를 통해서 내 사무실 홍보를 하고 싶으면 홍보하면 되고, 장점을 쓰고 싶으면 장점을 쓰고, 단점을 쓰고 싶으면 단점을 쓰면 된다. 사생활을 쓰고 싶으면 쓰고, 그렇지 않으면 안 쓰면 되는 것이다. 굳이 사생활을 이야기해놓고, 사생활이 노출된다고 걱정하는 것은 앞뒤가 맞지 않는 말이다. 우리가 실제 사람들을 만날 때는 지나치게 프라이버시와 관련된 부분은 보여주지 않듯, 온라인에서도 그러한 마인드로 하면 되는 것이다.

그리고 내가 평소에 크게 부끄럼 없는 삶을 살고 있다면, 내 문제가 노출될까 봐 크게 걱정할 필요가 없다. 대부분은 솔직하게 보여줘도 문제가 없는 것이다. 사람 사는 곳이면 그 어디든 한국이든 외국이든 지켜야 할 도리는 똑같은 것이다. 평소에 내 행실을 갈고닦아서 당당한 사람으로 살아갈 생각을 해야 한다. 오프라인에서 떳떳하게 살아갈 수 있는 사람이라면 온라인에서도 문제 될 게 없다. 오프라인에서 실수로 취급받고 불편할 내용이라면 온라인에도 올리면 안 되는 것이니 평소에 자신의 언행을 어느 정도는 절제하고 잘가다듬을 수 있는 사람이라야 온라인 마을에서도 환영받을 수 있다.

번지라는 사람이 인(仁)에 대하여 묻자 공자는 말했다.

"처하는 곳마다 공손하게 하고, 매사에 신중함을 놓치지 말고, 사람에게 성심을 다해야 한다. 비록 오랑캐가 사는 곳에서도 이 도리를 버리면 안 된다."

현대사회는 개인을 브랜딩하는 것이 중요한 시대다. 그런데 일반인들은 가진 자원이 부족하기에 자신을 알리는 것이 쉽지 않다. 그런 점에서 SNS는 얼마나 유용한 수단이 될 수 있는가? 따라서 앞서 말한 것처럼 SNS를 활용할 수 있는 한 최대한 활용하는 것이 좋다.

이런 유용한 자원을 자기 것으로 만들려면 공자가 말한 것과 같은 오랑캐가 사는 곳, 어느 마을에서나 지켜야 할 도리를 지키는 것이 필요하다. 신중하고 공손하고 사람에게 성심을 다하는 것이다. 그리고 긍정적이고 가벼운 마음으로 꾸준히 하면 된다.

07

간판이 아닌,
내면을 보는 사람이 된다

사람들은 종종 나에게 "너를 지탱해준 힘이 무엇이었냐?"고 물어본다. 과연 난 뭘까? 어렸을 적부터 성장하면서 느꼈던 가장 큰 결핍은 일찍 돌아가신 어머니, 멀리 돈 벌러 떠나신 아버지와 같은 가족의 부재였다. 그래서 나는 사람들에게 관심을 받지 못하는 환경에서 자랐다. 이 집 저 집 전전하면서 중학교를 졸업하고 공장을 다녔다. 냉정하게 말하면 내가 가져오는 월급 외에는 나에게 아무도 관심이 없었다. 그렇기에 내가 살아남는 길은 나 자신이 스스로를 귀하게 여기는 것밖에 없었다.

지도교수인 조중빈 교수님은 "인간은 날 때부터 군자이니, 스스로를 귀하게 여겨야 한다"고 하셨다. 나는 본능적으로 그 믿음 하나로 학창 시절을 버텨냈다. 그런 마음이 없었다면 나는 벌써 이 세상 사

111

람이 아니었을 것이다.

그래서 나는 누구보다 내면의 힘을 믿는다. 역설적으로 그런 환경을 지나왔기에 나는 힘든 처지에 있는 사람들의 마음을 이해하고 공감할 수 있는 마음의 공간을 가지게 되었고, 자립과 마음관리의 중요성을 본능적으로 깨닫게 되는 혜택을 얻었다.

일본의 '경영의 신'이라 불리는 마쓰시타 그룹 회장 마쓰시타 고노스케는 자신에게는 세 가지 천운(天運)이 있다고 했다. '하나는 가난했던 것', '하나는 병약했던 것', '하나는 배우지 못했던 것'이라고 했다. 가난했기에 성실하게 살았고, 병약했기에 건강관리를 철저히 했으며, 배우지 못했기에 하나라도 겸손한 자세로 사람들에게 더 절실히 배우려고 했다는 것이다.

사실 그의 성공보다 더 놀라운 것은 누구나 인생에서 피하고 싶은 이 세 가지 천재지변 같은 불행을 천운으로 여길 줄 아는 그의 마음가짐이다. 그리고 그 내면의 힘은 그 자신의 삶을 완전히 바꿔놓았다. 내면의 힘은 이렇게 중요한 것이다. 그리고 한 사람을 볼 때도 지금 그 사람의 지위나 경제력보다 내면을 들여다보면, 그가 앞으로 어떤 길을 걷게 될지 알 수 있다.

또한 공자의 도를 계승한 맹자가 이야기했듯이 우리는 모두 신령하고 선한 본성을 갖고 있기에 내면을 들여다보는 사람은, 사람들을 대할 때 지위의 고하를 막론하고 평등하게 대할 수 있다.

직업으로
사람을 판단하지 않는다

남들이 고등학교에 입학할 때, 나는 새엄마의 손을 잡고 중랑구에 있는 지하 공장으로 갔다. 남동생과 나, 둘을 모두 학교에 다니게 할 여력이 없다는 새엄마의 엄포 때문에 나는 남동생을 위하여 진학을 포기했다. 그렇게 17세 소녀는 지하 의류공장에서 이른바 '시다'가 되었다. 가위질을 열심히 해서 손이 부르텄다 아물기를 반복했다. 그 때문에 나의 손등은 마른 나무껍질처럼 거칠게 되었고, 평생 사라지지 않는 흉터처럼 되었다.

당시의 풍경을 떠올리면, 영화 〈기생충〉에 나오는 반지하의 방처럼 공장은 지하에 있었고, 창문이 지상 밖으로 약간 올라와 있었다. 아침에 일을 하다 보면 머리 위 창문 틈으로 사람들의 발만 보였다. 학생들의 운동화도 보이고, 출근하는 여성의 '뾰족구두' 즉 하이힐도 보였다. 그 예쁜 구두를 보면서, 나도 공장 같은 곳이 아니라 깨끗한 곳에서 일하고 싶은 꿈을 꾸었다. 예쁜 테이블에서 밥을 먹고, 뾰족구두를 신고 출퇴근하고 싶었다. 동년배 여고생의 뽀송뽀송한 핑크색 운동화를 보면, 학교에 미치도록 다니고 싶었다.

나는 일생 자만해질 때마다 빛이 새어 나오는 반지하의 작은 창문을, 일하던 그 시절의 창문 밖 풍경을 떠올렸다.

의류공장에서 일을 하다 슈퍼마켓에 물건을 사러 가는 경우가 있었다. 함께 일하는 아주머니, 언니 들이 간식거리를 사 오라고 심부름을 시켰기 때문이다. 그러면 나는 실밥이 가득 묻은 옷을 입고 슈퍼마켓을 찾았다. 물건을 사고 값을 치르고 나올 때의 기분은 형언하기 어려웠다.

내가 세상에서 밀려난 존재임을 여실히 느낀 것은 그들의 눈빛 때문이었다. 완전히 타인을 바라보는 듯한 그들의 눈빛, 나를 무시하는 이들의 그 눈빛이 지금도 잊히지 않는다. 그 뒤로는 혼이 나면서도 일하는 도중, 슈퍼마켓에 가지 않기 위해서 갖은 핑계를 대야만 했다.

그리고 그때 결심한 것이 있다. 나는 절대 직업으로 사람들을 판단하지 않겠다는 것이었다. 직업이 좋다고 해서 우러러보지도 않고, 직업이 나쁘다고 해서 하대하지도 않기로 결심했다. 그래서 지금도 회장님을 만나든 국회의원을 만나든, 경비나 청소를 하는 분을 만나든 똑같이 대한다. 적어도 그러려고 노력한다. 그 누구도 무시할 존재가 아닌 것이다.

진심 어린 교류가
사람을 움직인다

회장이든 회장 비서이든 그 누구이든 다 중요하다. 하루는 공자가 조정에서 일을 하고 있을 때 자신의 집 마구간에 불이 났다. 중대한 나랏일을 처리하고 집에 돌아온 공자가 물었다.

"다친 사람은 없느냐?"

그러고는 말에 대해서는 전혀 묻지 않았다. 예나 지금이나 말의 가치는 매우 높았으며, 당시 공자는 높은 공직을 맡고 있을 때였지만, 마구간 지기 한 사람의 안위를 그토록 소중하게 여겼던 것이다.

전경련(전국경제인연합회) 일을 처음 할 때 전체 일을 돕는 위원장을 했다. 그때 나는 당돌하다는 소리를 많이 들었다. 회장님들이 내가 어리다고 함부로 대하는 것에 대해 반발했기 때문이다. 나는 정중하면서도 분명하게 이야기했다. 나는 여기 직원으로 채용된 게 아니라, 같이 일하는 파트너로서 좋은 마음으로 돕고자 온 것이라고 말이다.

골프를 치러 갈 때도, 캐디에게 함부로 대하는 사람들과는 말도 섞지 않는다. 연예인이든 CEO이든 오랫동안 친분을 유지하는 사람들은 대체로 나와 비슷한 마인드를 가진 사람들이다. 신분과 상관없이 동등하게 사람을 바라볼 줄 아는 이와 교류하는 것이 행복하다. 기억 속의 공장 사진은 나에게 큰 아픔이기도 했지만, 사람을 그 자체로 존중하는 성숙한 시각도 갖게 한 셈이다.

《논어》〈양화편(陽貨篇)〉에는 이런 말이 나온다. 이 말은 널리 알려져 망각하고 지내기 쉽지만, 우리가 살아가면서 꼭 잊지 말아야 할 교훈을 준다.

子曰, 巧言令色, 鮮矣仁
자 왈 교 언 영 색 선 의 인

공자께서 말씀하셨다. 얼굴빛을 꾸며서 좋은 말만 늘어놓는 자들 중 어진 사람이 드물다.

세상을 있는 그대로 보고 담백하게 세상을 살아간다는 것, 사람을 대할 때는 지위의 고하를 막론하고 동등하게 대우한다는 것은 쉬운 일이 아니다. 자신보다 높은 사람에게는 교언영색(巧言令色), 아첨하고 비굴하게 되고, 자신보다 낮은 사람에게는 하대하는 것이 세상인심이다. 그래도 내 과거의 경험을 밑거름 삼아 모든 이에게 공평무사(公平無私)한 사람이 되고자 노력한다. 내 이익을 위해서 지위고하에 따라 교언영색하는 사람이 되고 싶지는 않은 것이다.

인간관계를 맺는 데서 이렇게 한쪽으로 치우치지 않는 불편부당(不偏不黨)의 관점을 갖고 있을 때 사람들에게 신망을 얻을 수 있다. 또한 간판이 아니라 내면을 들여다볼 줄 아는 통찰력을 갖출 때 사람에 대한 정확한 판단력을 가질 수 있다.

무엇보다 그렇게 꾸밈없이 본질로, 진심으로 사람들과 교류할 때 자기 자신이 하루하루 마음 편하게 상쾌한 기분으로 살아갈 수 있다. 그렇기에 더욱 이러한 삶의 방식을 지향할 필요가 있다.

성 장 을 논 하 다

성장이
최고의
안정이다

내일이 불안할수록
오늘의 허들에 집중한다

베스트셀러 작가 무라카미 하루키는 마라톤을 열심히 하는 것으로도 유명하다. 32세 때부터 달리기 시작하여 마라톤 풀코스를 25회 완주하고 100킬로미터 울트라 마라톤도 완주했다.

그는 자신의 하루를 스물세 시간이라고 규정했는데, 한 시간은 달리는 시간으로 빼놓았기 때문이다. 그는 달리기를 통해 영감도 얻고, 정신에 있는 독도 빼냈다고 한다. 무엇보다 달리기를 통해 근력과 지구력, 집중력이 증진되었다고 한다. 자신은 평범한 재능을 가졌기에 이러한 달리기라는 수련이 자신을 좀 더 나은 사람으로 만드는 데 필수적이었다고 인터뷰를 통해 언급한 바 있다.

우리는 누구나 미래에 대한 불안감을 갖고 있다. 코칭이나 상담을 할 때 사람 대부분이 가장 심각하게 가장 자주 던지는 질문이 미래가 불안하다는 것이다. 하지만 불안감을 품은 채 고민만 한다고 문제가 해결되는 것은 아니다. 심지어 고민하면 할수록 고민에 더 함몰되는 경향도 있다.

그것은 하루키가 이야기한 정신의 독이다. 집중력이 떨어지고 한없이 무력해진다. 불안하다고 해서 고민을 하는데, 고민으로 고민을 해결할 수 없다는 것은 명백하다. 그렇다면 불안한 미래에 대해서 어떻게 처신해야 할까? 관건은 달리는 데 있다.

허들 달리기하듯
일을 쪼개서 문제를 해결한다

나는 30대 후반에 50세를 인생의 터닝포인트로 삼았다. 50세부터 인생 2막을 열기로 마음먹은 것이다. 50이라는 나이가 되면, 두 딸이 모두 대학을 졸업하는 시점이다. 그러면 내가 해야 할 기본적인 숙제는 다 끝난다고 생각했다. 그러면 그때부터 전적으로 내 인생을 살겠노라고 마음먹었다.

말하자면, 50세 이전까지는 먹고살기 위한 인생을 살았다고 한다면, 50세 이후부터는 내가 하고 싶은 일, 내가 진정으로 좋아하는 일을 하면서 살아가야겠다는 꿈을 꾼 것이다. 그렇게 하기 위해서는 기본적인 자산이 필요했고, 그것을 마련하기 위해서 열심히 살아왔다.

그런 미래에 대한 설계를 아이들에게도 미리 말해두었다. 대학을 졸업하고 나서부터는 너희들이 자립적으로 살아야 한다. 이후로는 엄마에게 의지하면 안 된다. 다행히 딸들은 내 말을 잘 알아듣고, 그대로 잘 실천하고 있다.

2023년 현재, 나는 만 53세이고 한국 나이로 50세 되던 4년 전부터 내가 원하던 라이프코칭, 커리어코칭, 리더십코칭 일을 본격적으로 사업화하여 지금껏 그럭저럭 잘 이끌어오고 있다. 각종 기업체의 고문을 맡고 있으며 동국대 강의를 비롯하여 오래전부터 해오던 강의들도 지속하고 있다.

나는 두 번째 인생을 위한 준비가 자산만 있다고 가능한 것이 아니라고 생각했다. 자신이 좋아하는 일을 하기 위해서는 그 일을 업으로 삼기 위한 준비를 충실히 해야 한다. 나는 그 준비를 10여 년 전부터 해왔다. 2011년에는 첫 책을 출간하고, 처음으로 대중 강연을 시작했다.

운 좋게도 첫 책을 내고 난 후 얼마 지나지 않아 청와대에서 강연할 기회가 있었고, 이후 각종 관공서와 대기업에서 강의하며 전혜림이라는 브랜드를 조금씩 알려가기 시작했다. 그 10년의 과정에서 석사학위와 박사학위를 받으면서 대학에도 강의를 나가게 되었다. 그 외에도 각종 아카데미를 다니면서 쉴 새 없이 공부하고 사람들을 만났다. 그 기간에 책을 두 권 더 출간하여, 많은 독자의 사랑을 받기도 했다.

Y대학교 언론홍보대학원에 들어갈 때, 지인 언니 J는 나에게 영어 면접도 어렵고 논문도 어려워서 학교 다니는 게 어려울 것이라는 부정적인 말을 했다. 그래서 나는 그런 문제는 들어간 이후에 그때 생각할 문제이고, 일단 입학이 목적이라고 이야기했다.

입학하고 나니 J는 다시 거기 다니면서 리포트도 써야 하고, 과제가 많아서 졸업하기는 어려울 것이라고 말했다. 그래서 나는 그냥 하루하루 학교를 재밌게 다니는 것이 목표라고 대답했다.

K대학교로 옮겼을 때도 마찬가지였다. 역시 J는 졸업까지 하는 건 어려울 것이라고 부정적인 말을 했지만, 하루하루 그냥 다니는 게 목표라고 말한 나는 시험을 통과하고 무사히 졸업도 했다. J는 나중에 신기하다는 듯이 나를 쳐다보며 "너 어떻게 졸업했냐?"라고 물었다. 그때 나는 이렇게 말했다.

"언니, 저는 목표를 허들 넘듯이 해요. 큰 목표만 보고 달렸다면 너무 멀고 힘겹게 느껴져서 못 했을 거예요. 허들을 하나하나 넘듯 하루하루에 충실하다 보니 어느새 골인 지점까지 도착할 수 있었던 거죠."

큰 꿈과 최종적인 목표는 물론 내심 갖고 있겠지만, 작은 단위로 쪼개서 일을 하지 않으면 지쳐서 중도에 포기하거나 지레 겁먹고 아예 시작조차 할 수 없는 경우가 많다. 따라서 새로운 일에 도전할 수 있는 첫 번째 방법은 이렇게 일을 잘게 쪼개어 한 번에 하나씩 하는 것이다.

꾸준히 오늘에 충실하면
불안은 사라진다

그리고 내가 옳다고 믿는 것을 '적당히'가 아니라 '더 힘써' 행하라. 조금 노력하고 안된다고 하지 말라. 조금 해보고 중단하거나 하다 말다 불규칙적으로 하지 말고 중장기적으로 꾸준히 갈 길을 걸어가라. 맹자는 잡목으로 가득하여 없던 산길도 계속 걷다 보면 길이 나온다고 했다.

나는 K대학교 문턱이 닳도록 드나들면서 공부했고, 말 그대로 주경야독(晝耕夜讀)하면서 밤낮, 주말과 평일을 가리지 않고 일과 공부를 잠시도 손에서 놓지 않았다. 학비는 물론 코치 자격증을 따느라고 학원비, 교통비도 많이 들었다.

뿌린 대로 거두는 법이고, 오늘의 한 걸음이 5년 후, 10년 후의 내 모습을 결정하는 것이다. 나는 40대 10년간 열심히 씨를 뿌렸다. 열정은 배신하지 않는다는 말처럼 그러한 노력이 지금의 내 모습을 만들고, 인생 2막을 시작할 수 있도록 만들었다.

원하는 걸 얻는 게 너무 어렵고 막연하게 느껴질 수 있을 것이다. 그럴 때는 인생에서 최종 목표점으로부터 역산(逆算)을 하여 하나씩 단계를 밟아가면 된다. 내가 커리어코칭을 할 때 자주 하는 말인데, 그렇게 여러 과정으로 쪼개서 지금 앞에 주어진 하나의 과정에만 집중하여 하나씩 돌파한다면, 언젠가 그토록 바라던 지점에 가 있는 자신을 발견할 것이다. 너무 거창하게 생각할 필요 없다. 인생을 하나의 허들 달리기처럼 생각하는 것이다. 전체적인 단계를 그렸다면, 지금 눈앞에 있는 하나의 허들을 넘는 데만 집중하면 된다.

세상을 살아가는 일이 불안하고 그래서 불행할 수 있다. 누구나 그렇다. 그럴 때일수록 머릿속에 떠오르는 부정적인 사고와 관념들을 떨쳐버리고, 오늘 해야 할 일, 오늘 넘어야 할 허들만 생각하고 나아가야 한다. 그러다 보면 불안은 어느새 사라지고 문제는 해결되면서 마음 편히 충만한 하루하루를 살 수 있게 된다.

맹자는 말했다.

"인(仁)이 불인(不仁)을 이기는 것은 마치 물이 불을 이기는 것과 같다. 오늘날 인을 행하려는 사람들이 한 잔의 물로 한 수레의 불을 끄려 하다가 불이 꺼지지 않으면 이를 두고 물이 불을 이기지 못한다 일컫는다. 이와 같으니, 불인에 더욱 빠져드는 것이다."

덕으로 살아가는 게 그렇지 않은 것을 이길 수 없다고 말하지만, 덕을 조금 실천해보다가 중도에 그만두기 때문이다. 불교에서 번뇌는 불길과 같다고 했다. 나를 괴롭히는 번뇌를 끄는 것도 능히 할 수 있는 일이니, 내 수행이 부족한 것을 탓해야지 번뇌에서 벗어날 수 없다고 여기고 자포자기하는 것은 어리석은 일이다. 바른길을 가면서 성장하려면 꾸준한 노력이 필요하다. 조금 노력하고 안된다 포기하지 말라. 의지를 가지고 계속 노력한다면, 반드시 좋은 결과를 손 안에 쥘 수 있다.

02

장기적 전망으로
성장을 추구한다

자립을 확고하게 하고 싶다면, 언제나 성장을 동반해야 한다. 눈앞의 수익에만 현혹되지 말고, 장기적인 비전을 갖고 세상의 변화에 대응하여 성장할 생각을 해야 한다. 공자는 말했다.

"사람이 멀리 내다보는 사려가 없다면, 가까운 시일에 반드시 근심이 생기는 법이다."

오늘 유망한 직업이 내일은 사양산업이 될 수 있다. 변화가 많은 현대사회에서 장기적 전망을 갖고, 미래를 대비하는 것은 선택이 아니라 필수다. 계속 성장할 생각을 해야 하는 이유도 여기에 있다.

성장의 맛을 알면
인생 전반이 달라진다

싱글맘 H는 웹디자이너로 일하는데 자존감이 없었다. 고졸이었는데, 나이가 들면서 회사에서 퇴출될까 봐 늘 걱정이었다. 소위 몸값이 무거워지면 자기부터 퇴직하게 될 것이라는 근심으로 밤잠을 못이룬 것이다.

나는 그녀에게 이렇게 일러주었다.

"너만의 특별한 뭔가가 있으면 회사에서 너를 내치지 못할 거야. 그러니까 다른 사람이 할 수 없는 능력을 가져야 해."

그녀는 1년간 학원에 다니면서 새로운 디자인 기술을 익혔다. 학벌 콤플렉스도 3년 6개월간 사이버대학을 다니고 졸업하면서 극복할 수 있었다. 이후로는 회사에서 대우가 달라졌다고 한다.

나는 일을 할 때 좀 더 장기적인 구간을 생각하면서 계획하고 실천한다. 단기간보다는 장기간을 염두에 두고 일을 진행하기 때문에 처음에는 일이 더디게 진행되는 것 같지만, 나중에는 더 크고 확실한 성과를 얻을 수 있다. 오늘 하루를 열심히 살기는 하지만 장기적인 관점을 놓치지 않는 것이다.

지금 당장 내가 월급을 받고 있다고 해도, 당장 내년에 어떻게 될지 모른다. 샐러리맨도 마찬가지고 개인 사업자도 마찬가지다. 내가 다음 플랜을 갖고 있지 않다면, 지금 이 자리에만 연연하게 되고, 그러면 결국 끌려다니는 삶을 살 수밖에 없다. 내년에 지금 하는 일이 모두 없어지더라도 살아남을 자신만의 비기(秘技)를 갈고닦고 있어야 하는 것이다. 그렇게 해야 지금 하는 일에서도 무리수를 두지 않을 수 있다.

내일이 불안하면 지금 하는 일도 제대로 할 수 없는 법이다. 사람의 인연이나 주어지는 운명은 늘 변화하는 것이니 지금에만 안주해서는 안 된다. 내일 일어날 일에 대해서도 대비를 해둬야 오늘 일도 최선을 다할 수 있는 것이다.

어렸을 적 공장을 함께 다니던 한 살 어린 동생 J가 있었다. 그 친구를 설득해서 함께 야간 고등학교를 다니게 되었다. 나와 함께 고등학교를 졸업하였는데, 나는 고등학교를 졸업한 후 무역 회사에 다녔다. 무역 회사에 다니다 청담동에 있는 카센터 경리 자리가 비었다는 것을 알고 J에게 그 자리를 소개해주었다. 당시 진학하지 않고 공장에 다니던 다른 아이들은 여전히 그 자리에서 벗어나지 못하고 있었다.

나는 J에게 경리 일을 하는 동안, 경리는 언제 그만둘지 모르니 간호사 자격증을 취득하라고 했다. 간호사가 된 J는 간호사생활을 하면서 피부관리 일을 배웠다. 간호사를 그만둔 뒤, 피부관리실을 운영했다. 다시 에어로빅 강사를 병행하면서 에스테틱을 운영했고, 그때부터 상당한 재산을 축적하게 되었다. 나중에 J는 국가연구원과 결혼하여 지금은 행복한 가정을 꾸리고 있다. 한 번 성장의 맛을 본 사람은 그것을 지속하게 되니, 나는 여기에 직간접적으로 개입하면서 내 눈으로 그들의 인생 전체가 달라지는 것을 실제로 보았다.

조급해하지 말고
때에 맞춰서 성장한다

인생에는 매사 적절한 때가 있으니 너무 불안해하거나 조급해하지 말고 차근차근 성장하는 것이 중요하다.

《논어》〈위정편〉은 말한다.

삼십이립　사십이불혹　오십이지천명

三十而立, 四十而不惑, 五十而知天命,

육십이이순　칠십이종심소욕　불유구

六十而耳順, 七十而從心所欲, 不踰矩

나이 삼십에 뜻을 세우고, 사십에 흔들리지 않고, 오십에 하늘의 뜻을 알고, 육십에 귀가 부드러워졌으며, 칠십에 마음 가는 대로 했지만 도리에 어긋남이 없다.

인생사에는 다 때가 있다는 것을 나이가 들수록 더 절감한다. 매사 적절한 때가 있으니 조급하게 경거망동하지 말고, 차근차근 성장해 나아가는 것이 중요하다.

오래 알고 지낸 PD 출신의 K가 있다. 그는 어떤 연구원의 원장이 되고 싶어 했다. 그런데 마음 한구석에 그러한 욕망만 있을 뿐 늘 현실에 치어 그러한 꿈을 실현하는 것은 요원하게만 생각하고 있었다.

나는 그에게 책을 쓰라고 했다. 그러자 그는 지금도 바쁜데 책을 언제 쓰냐고 했다. 나는 주말에 4시간씩만 써도 언젠가는 완성될 것이라고 했다. 처음에는 반신반의하던 그가 그렇게 주말 시간을 쪼개서 꾸준히 책을 쓰기 시작했고, 어느새 출판사와 협의하는 단계에 이르렀다. 결국 그의 해외생활 이야기가 책으로 나왔다. 워낙 경험이 풍부하고 공부를 많이 한 그였기에 그의 책은 많은 독자의 사랑을 받았다.

이제 그는 대기업 등지에 강의를 다니고 있다. 나는 여기서 멈추지 말고 공부를 계속하라고 조언했다. 그는 지금 대학원에서 석사과정을 밟고 있고, 자신의 꿈을 향해 한 발씩 나아가고 있다. 물론 그의 타고난 역량이 출중하기도 했지만 나는 그가 가진 기름에 불을 붙이는 열정을 심어주는 역할을 한 것이다.

조급하게 빨리 이루려고만 하면 불안해지면서 오히려 무기력한 심정이 되어 아무것도 하지 못한다. 공자의 말처럼, 모든 것은 때가 있는 법이다. 매일 한 계단씩 올라간다 생각하면 일상에서 보람도 느끼고 어느새 꿈에 다가와 있는 자신을 발견할 수 있다. 나는 좀 더 많은 사람이 J나 K와 같은 성장의 즐거움을 진정 누리길 바란다.

지구의 환경 문제에 대해서 지속 가능한 미래라는 말을 자주 쓴다. 우리 세계 전체와 같은 거대 담론에 관하여 이야기할 때도 그렇지만, 한 개인에 대한 문제도 그렇다. 지속 가능한 생애 설계가 필요한 것이다. 지금 당장의 이익에 현혹되어 미래를 갉아먹는 일을 하지 말아야 한다. 눈앞의 이익보다는 인생 전반을 생각하는 지혜가 필요한 것이다.

공자는 낚시로 물고기를 잡기는 했지만, 그물을 쓰지는 않았다. 화살로 새를 잡기는 했지만, 둥지에 잠든 새를 향해 화살을 쏘지 않았다. 그는 아버지 숙량흘이 일찍 귀천했기에 가난한 집에서 자라야 했다. 제사에 쓸 제물을 잡을 때 고기가 필요해서 사냥을 나갔는데, 수렵할 때도 자신만의 법도가 있었다. 알을 품고 있는 새는 잡지 않았고, 작은 물고기까지 한 번에 다 잡는 일을 피했다. 그렇기에 다음번에도 계속 사냥할 수 있고 물고기도 잡을 수 있었던 것이다.

지속 가능한 미래를 생각하는 이런 공자의 지혜와 인자한 덕성을 우리 인생에도 가져와야 한다.

농부는 겨울에 굶어 죽어도 씨알 곡식은 먹지 않는다고 한다. 늘 지속가능성을 고려해야 한다. 생애주기별, 단계별로 수행해야 할 과제를 염두에 두고 그 시기에 맞춰서 변화할 수 있어야 한다. 서둘러서도 안 되고, 미래에 대해서 방치하는 마음을 가져서도 안 된다. 장기적인 전망으로 차근차근 준비하면서 계속 성장해 나아가야 한다.

03

즐겁게 일하는 비결,
내가 선택의 주인공이 된다

　자기 사업을 하든 샐러리맨으로 일을 하든 결국은 내가 일의 주체가 되어야 한다. 요즘은 1인 기업 시대라고 하지 않는가. 내가 회사에서 일을 하고 있지만, 내가 회사에 종속된 것이 아니라 회사와 내가 1:1로 잠정적인 계약을 한 것이니, 어쩌면 나는 내 사업을 하는 와중이라고 볼 수 있다. 내가 성과를 내면 내 몸값을 더 높일 수 있는 것이다. 그러면 더 좋은 회사에 스카우트가 될 수도 있고, 기회가 되면 자기 사업을 할 수도 있는 것이다.

　세계적인 경영학자 톰 피터스는 언제나 가장 중요한 것은 나라는 브랜드라고 했다. 세계적인 석학 제레미 리프킨 역시 자신의 저서 《프리에이전트의 시대가 온다》에서 개인 브랜드의 중요성, 개인의 주체성을 강조했다.

조직 구성원이든, 프리랜서이든, 사업가이든 결국 나라는 브랜드만 최종적으로 남는 것이다. 그러니 어느 자리에 있든 안주하지 말고 도전적인 자세로 일해야 한다. 늘 다음 단계, 넥스트 플랜을 준비해야 하는 것도 그러한 이유에서다. 내가 1인 기업이 된다는 것은 내 업무에서 내가 선택의 주인공이 된다는 것이다.

나의 미래는
내가 선택한다

나는 도전적인 일을 좋아한다. 도전적인 일은 내가 일한 만큼 성과를 거둘 수 있는 일을 말하는 것이다. 30대 초반에 남동생 회사를 1년 다닌 후, 자산관리 회사로 들어갔을 때 나는 회사에서 단순히 월급만 받는 것이 아니라 약간의 기본급에 더하여 인센티브를 받는다는 것이 아주 매력적으로 느껴졌다.

사람의 성향마다 다르겠지만 정해진 월급만 받는다면 아무래도 수동적으로 일하게 되기 쉬운 것이다. 어떻게 보면 그 회사는 내가 나의 사업을 하는데, 공간도 마련해주고 사업비도 안 들고 물건을 개발하려면 돈이 드는데 물건 다 개발해뒀으니 나는 열심히 팔기만 하면 되는 일이었다.

심지어 성과를 잘 내면 해외여행도 보내줬기 때문에 그 덕분에 외국도 많이 다녔다. 자산이 없이 할 수 있는 일 치고는 매우 장점이 많은 일이라고 생각했다. 또한 내가 노력한 것이 가시적인 성과로, 현실적인 결과물로 매달 확인할 수 있으니 열심히 일했고 성과도 좋았다. 말하자면 지금 하는 일이 내 손에 달린 내 일이라고 생각하고 주체적으로 일했기에 활기차게 일하고 성과도 좋았던 것이다.

앞서도 말했지만 늘 지금의 자리에 안주만 해서는 안 된다. 넥스트 플랜이 있어야 하는 것이다. 나이 50이 넘어가면 한 가지 기술만으로는 안정적이지 못하다. 그러니 다음을 또 준비해야 하는데, 자신이 좋아하는 일 중에서 찾아야 한다. 장기적 전망과 넥스트 플랜을 준비하는 것도 미래를 선택하는 주인공이 내가 되기 위해서다. 그래야 내 업과 함께 즐거운 인생을 영위할 수 있다.

IT업체를 다니며 나에게 코칭을 받던 40대 중반의 여성 P가 미래에 대해서 불안해하기에 잘하는 게 뭐가 있는지 자문해보라고 했다. 그녀는 뜨개질을 잘한다고 했다. 그래서 뜨개질 관련 카페와 블로그를 제대로 해보는 것도 좋겠다고 말했다. 토요일 오전에는 뜨개질을 하면서 사람들과 정보를 공유하고 제작한 상품을 판매도 하고, 강습도 해보라고 일러주었다. 그렇게 플랜을 세워줬더니 지금은 하나씩 실천하면서 여유 있는 마음가짐으로 직장생활을 영위하고 있다.

오늘 주어진 일을 수행해내면서 내일을 준비하는 일들이 힘들게 느껴질 수 있을 것이다. 그렇지만 마음을 바꾸면 힘든 일도 할 만한 일이, 즐거운 일이 될 수 있다.

미래를 위해서 준비하는 것이 먹고사는 문제만 생각하면 불행하게 느껴질 수도 있을 것이다. 물론 결과는 항상 내 뜻대로만 나오지 않을 수도 있다. 하지만 행복과 불행은 자신이 선택하는 것이다. 오늘 하루 종일 정신 없이 바빴다고 하더라도 그것이 내가 선택한 일이라고 한다면 피곤하면서도 행복할 수 있다. 말하자면 내가 지금 하는 일에 대한 선택의 주인공이 나라고 한다면, 그것은 즐거운 일이 될 수 있는 것이다.

결과와 상관없이
과정을 즐긴다

공자는 말했다.

"부유함이라고 하는 게 구해서 얻어지는 것이라면, 내가 비록 말채찍을 잡는 마부라도 되겠으나, 구해서 얻어지는 것이 아니라면 내 마음이 원하는 길을 따르리라."

공자의 이 말은 결과에 얽매이지 않고 자신이 원하는 삶을 살겠다는 의지의 표명이다. 부유함이라고 하는 것은 내 노력의 결과이지, 내가 거기에 집착한다고 해서 얻어지는 게 아니다. 돈이 나를 따라오게 만들어야지, 내가 돈을 따라가서는 삶의 균형만 깨어지고 심지어 사람들도 떠날 수 있다.

선택의 주인공이 나이기에 '행복을 잡을 것인가, 불행을 잡을 것인가? 즐거움을 잡을 것인가, 불편함을 잡을 것인가?'를 선택할 수 있다.

우리 인생은 마음대로 되지 않아도, 자신이 가는 길은 스스로 선택할 수 있다. 자신이 선택해놓고 나서 짜증 낸다면 그처럼 어리석은 일도 없다. 그건 자기답게 사는 게 아니다. 내가 하는 일로 말미암아 온종일 바쁘고 집에 돌아왔을 때는 번아웃이 된다고 해도, 그것이 내가 선택한 일이라면 설레고 흥미진진할 수 있다.

새로운 일을 배우는 것을 즐기고 새로운 사람을 만나면 '아, 저런 사람도 있구나! 흥미롭다'라고 생각하는 것이다.

일을 즐겁게 하는 비결은 내가 선택의 주인공이 되는 것이다. 지금 내가 하는 일을 내가 선택해서 하는 일이라고 생각하자. 내가 앞으로 할 일을 준비하는 것을 내가 선택한 일을 하기 위해서 준비한다고 생각하자. 그러면 하루하루가 비참하게 느껴지지 않고 즐기면서도 충실히 수행할 수 있을 것이다. 그렇게 즐겁게 일할 때 좋은 결과가 나올 가능성이 좀 더 커진다.

힘들다고 느끼면 지금 해야 하는 일 하나 하는 것도 어렵지만, 자신이 선택의 주인공이 되어서 즐기면서 하면 여러 일을 모두 할 수 있다. 아이들이 온종일 놀아도 지겨워하지 않듯, 즐거운 일은 많이 할 수 있는 법이기 때문이다.

결과에 집착하지 말고, 내가 선택한 일을 즐겁게 하자. 그것이 남

들보다 많은 일을 수행해내는 비결, 시간관리를 가장 잘하는 비결이
될 수 있다.

《논어》〈옹야편〉은 말한다.

_{지 지 자 불 여 호 지 자   호 지 자 불 여 락 지 자}
知之者不如好之者, 好之者不如樂之者

뭔가를 안다는 건 좋아하는 것만 못하고, 좋아한다는 건 즐기는 것만
못하다.

노력하는 자는 즐기는 자를 이기지 못한다는 식으로 변용되어서
회자되고 있다. 공부나 기술도 마찬가지지만 시간관리, 인생관리를
잘하는 비법도 마찬가지다. 즐길 수 있어야 한다. 물론 내가 선택의
주체가 되어야 즐길 수 있다. 그렇게 즐길 수 있을 때 효율적으로 할
수 있고, 탁월하게 잘할 수 있다. 당연히 좋은 결과물을 얻을 가능성
또한 더 커질 것이다.

04

고민을 멈추고
일단 시작한다

살면서 부딪히고 깨지다 보면 어느새 어깨가 움츠러들고 위축된다. 그런 일이 반복되면, 학습된 무기력에 빠져서 아무것도 하지 못하고 우울감에만 빠져 있게 된다. 일도 하지 않고, 행동반경을 줄이고, 사람도 만나지 않으면 점점 기운도 줄어들고 사회성도 떨어져서 다시 일을 시작하지 못하는 악순환에 빠지게 되는 것이다. 이러한 문제는 어떻게 해결할 수 있을까?

우리에게는 다양한 문제에 대해서 확실한 것이 아니면 안 하려는 경향이 있다. 하지만 인생에 확실한 것은 없다. 유명한 등산가가 인터뷰할 때 "저 높은 산에 오르는 것은 위험하지 않습니까?"라고 기자가 물으니 "인생 자체가 위험한 것입니다"라고 답했다.

산이라고 위험하고, 도심이라고 위험하지 않은 것은 아니다. 인생 자체가 늘 위험하고 도전의 연속인 것이다. 철학자 사르트르가 말했듯, 우리는 모두 불확실한 삶에 내던져진 존재다.

인생의 불확실성을 받아들이고 도전해야 한다. 머릿속으로 시뮬레이션만 하는 사람들은 늘 거기서 끝나버린다. 시도도 하지 못하고 실패하는 것이다. 시뮬레이션하는데 이미 에너지를 다 소진해버렸기 때문이다. 따라서 일을 잘 시작할 수 있는 가장 좋은 방법은 생각을 줄이고 일을 진행하면서 배우는 것이다.

완벽하게 준비가 되어야 뭔가를 시작할 수 있다고 생각하는 것은 환상이다. 도전해보고 할 만큼 하다가 안되면 그때 그만두면 된다. 그렇게 하면 경험치라는 자산이라도 남는 것이니, 생각만 하다 시간을 허비하는 것보다 훨씬 낫다. 뜻이 있는 곳에 길이 있다. 고민을 멈추고 당장 시작하면 길은 열린다.

실천하는 힘이
남다른 인생을 만든다

시작이 반이라는 말도 있듯, 일단 시작하는 것이 중요하다. 생각을 많이 하고 고민만 많이 하는 사람 중에 일 제대로 하는 사람 못 봤다. 생각에 에너지를 모두 소진해버리기 때문이다. 뭔가를 시작하고 행동으로 옮기면서 시행착오를 겪다 보면, 어떻게 해야 하는지 방법을 찾게 되고, 길이 열린다.

무엇이든 실천할 생각을 해야 성공할 길이 열린다. 복권을 사야 복권이 당첨될 가능성도 있는 것이다. 생각만 하는 것과 그 생각을 실천으로 옮기는 것은 천양지차다. 심지어 덕성과 지혜도 실천이 중요하다. 많이 배웠어도 써먹지 못하면 아무 소용이 없는 것이다. 맹자는 말했다.

"순(舜) 임금이 심산유곡에서 거처할 때는 바위와 나무 사이에서 사슴이나 멧돼지와 함께 유유자적하였으니, 보이는 모습이 야인과 다를 바가 없었다. 그러나 하나의 선한 말을 듣고, 그것을 실행할 때는 마치 큰 강물이 제방이 터진 것과 같아서 누구도 그 물길을 막을 수가 없었다."

야인일 때는 야인으로, 한나라의 임금일 때는 임금으로 살아가는 순임금의 자연스러운 처세를 말하는 것이기도 하며, 또 덕성스러운 말을 누구나 듣지만 범인과 성인의 차이는 실천 여부에 달렸다는 이야기이기도 하다. 짐승과 다를 바 없는 생활을 하던 야인이 성인의 도리를 듣고 나서 그걸 실천할 때는 해일처럼 강력하게 행동으로 옮기며 제왕의 자리까지 오른 것이다. 순임금은 이처럼 실천하는 힘이 범인과 크게 달랐기에 성군이 될 수 있었다.

우리도 원하는 것을 얻기 위해서는 생각과 고민만 하지 말고 어떻게든 시작해서 실행해야 한다. 더 깊은 생각은 일단 시작해서 경험하고 겪어보면서 해도 늦지 않다. 오히려 결단과 실천이 지연되면서

생기는 손실이 더 크고, 경험해서 알게 되는 정보가 탁상공론으로
아는 것보다 훨씬 더 유용한 진실이기 때문이다.

가벼운 마음으로
시작한다

얼마 전 방송인 동생 C가 언니가 보고 싶다면서 나를 찾아왔다. 어
떻게 살아야 할지 모르겠다면서 힘들어하기에 같이 식사하면서 이
야기를 나누었다.

"네가 가장 자신 있고, 하고 싶은 일이 뭐니?"

그녀는 곰곰이 생각하더니 방송하는 일도 재미있지만, 1:1 스피치
강의를 하는 것이 가장 즐겁다고 했다. 그렇게 자신이 말투나 스피
치를 교정해줬을 때 변화되는 모습을 보는 것이 가장 재미있고 보람
찼다는 것이다. 그래서 일단 1:1 스피치 강의를 시작해보라고 했다.
그랬더니 "나는 인지도가 없잖아" 하면서 시작하는 것이 두렵다고
했다.

"야, 나는 뭐 대단한 인지도가 있어서 시작했니? 내가 대단한 게
아니라 하다 안되면 그때 접으면 되지, 하는 마음으로 시작했다."

나는 결국 그녀를 새로운 비즈니스로 연결해주었다.

시작은 미약해도 끝은 창대하리라는 성경 구절도 있다. 일단 시작

140

하고 행동으로 옮기면 길이 점차 열리면서 시야가 넓어진다. 전에 보이지 않던 것이 보이는 거다. 막연하고 두렵던 것에 대해서도 점차 시야에 익숙해지면 상대할 만한 게 된다. 그러다 보면 점차 처음 내가 생각했던 것보다 훨씬 더 광활한 세계로 진입하면서 큰 성과를 얻을 수 있다. 처음부터 거창하게 생각하면 마음이 무거워서 시작하기 어렵다. 지금 눈앞에 보이는 작은 문제 하나를 해결한다는 마음으로 가볍게 생각하면, 시작하기가 훨씬 쉽다. 그렇게 하나를 처리하고 나면 또 더 큰 단계로 넘어갈 힘이 생긴다.

무언가 시도하기 힘들다면, 일의 도입부에서 마음의 문턱을 낮추는 것이 좋은 방법이다. 처음에 너무 많은 기대를 품고 일을 시작하지 않는 것이 좋다. 나 역시 코칭 프로그램을 시작할 때 세 개 과정을 마련하고, 한 개 클래스만 잘 운영되어도 괜찮다고 생각했다. 그런데 막상 진행해보니 인기가 많아서 세 개 클래스가 원활하게 운영되고 있다. 한 개 클래스만 돌아갔거나 설령 하나도 제대로 잘 운영이 되지 않았더라도 크게 실망하는 일은 없었을 것이고, 다른 길을 찾았을 것이다. 그 이유는 처음부터 기대치가 그리 높지 않았기 때문이다.

목표를 너무 크게 세우면 시도 자체를 하기 어려우니 허들의 높이를 낮추는 것이 좋다. 낮은 단계를 뛰어넘는 훈련을 하다 보면, 자신감이 생기고 실력이 붙으면서 좀 더 높은 단계에 도전할 수 있는 역량이 길러지는 것이다.

몸으로 부딪치며
답을 찾는다

나의 사업을 사례로 들어보아도 역시 마찬가지다. 처음에는 나 역시 코칭을 지금과 같은 사업 형태로 하려는 마음이 없었다. 단순히 프리에이전트 형태로 가끔 불러주는 곳이 있으면 찾아가는 식으로 일하려고 했다. 동국대학교 출강을 하면서 학교를 오갔는데, 힘이 조금씩 부치는 게 느껴졌다. 그래서 웬만한 일은 집 앞 신사동 앞에 있는 빵집에서 미팅하는 것으로 해결했다.

사람들을 만날 때마다 나의 집 근처로 오라고 하니 찻값과 빵값 계산은 당연히 내가 해야 했다. 그런데 미팅이 워낙 잦다 보니 하루에 찻값, 빵값만 10만 원이 넘게 들었다. 빵집 한 칸을 쓰는 데 이렇게 돈을 쓸 바엔 차라리 이 돈으로 사무실을 얻는 게 낫겠다 싶었다. 외부에서 미팅을 자주 할 때는 자동차 대리운전 비용만 한 달에 60만 원이 넘게 나온 적도 있었다.

만약 집 앞에 사무실을 얻으면, 주차는 우리 집에 해도 되니 매달 주차비도 절약될 것이었다. 그렇게 이것저것 계산해보니 사무실을 얻는 것이 훨씬 경제적이라는 생각이 들었고, 그렇게 해서 적극적으로 알아보니 마침 집 바로 앞 3층에 빈 사무실 하나를 구할 수 있었다.

그렇게 사무실을 막상 얻고 보니 소위 본전 생각이 들었다. 사무실에서 할 수 있는 건 다 해야 사무실을 구한 보람이 있을 것 아닌가? 그래서 사업장이 있으니 사업자 등록도 하게 되었고, 사업자를 차렸으니 홈페이지도 만들었다. 그리고 임대료를 충당하려면 1:1 코칭만 하는 것이 아니라 사무실에서 진행 가능한 코칭 프로그램도 하나 만들면 좋겠다는 생각도 하게 되었다. 그러면서 본격적으로 사업을 하게 되었다.

짧게 고민하고 과감하게 실행하면서 순간순간의 변화에 대처하는 방식을 통해 답을 찾아 나아간 것이다. 그렇게 일이 진행되면서 대기업 임원, 경영학 박사님 등 유능한 코칭 강사 여섯 분을 섭외하여 파트너십을 맺고 제법 그럴싸하게 코칭 연구소를 운영할 수 있게 되었다. 이후 각종 교육기관 등에서 MOU를 맺고 싶다고 하여 콘텐츠 제휴도 하고, 큰 기업에서 자문 요청이 와 고문도 맡게 되는 등 일이 점차 확장되고 있다.

빵값이 아까워서 시작한 작은 일이 이렇게 창대하게 퍼져나간 것이니, 어떻게 보면 상당히 아이러니하게 느껴지기도 한다. 그렇지만 그 속을 들여다보면, 어떤 일이든 주저하지 않고 일단 시작하고 보는 나의 실행 본능과 깊은 연관이 있는 것이다.

장고 끝에 악수라는 말도 있다. 오늘 하루 일용할 양식을 구한다는 것, 빵값을 번다는 것은 신성한 일이다. 대책을 세운답시고 이런저런 핑계를 대고 고민하면서 세월만 보내지 말고, 뭐라도 시작하고 실천하라. 행동에서 답을 찾아야 하니 일단 시작하면 길이 열리는 법이다.

《논어》〈공야장편(公冶長篇)〉에는 이런 말이 나온다.

계 문 자 삼 사 이 후 행　자 문 지　왈　재 사 가 의
季文子三思而後行, 子聞之, 曰, 再斯可矣

계문자는 세 번 생각한 이후에 행동으로 옮깁니다. 이에 공자께서 답하셨다. 두 번이면 족하다.

계문자는 지나치게 신중하고 손익을 과도하게 따지면서 움직이는 사람이었다. 그래서 공자는 두 번만 생각하고 행동으로 옮겨도 좋다고 말한 것이다.

이것저것 지나치게 따지다 보면 매사 적기를 놓치기 쉽다. 요즘처럼 변화가 빠른 세상에서는 더욱 그렇다. 실천하지 않으면 얻지 못하는 정보와 경험치도 굉장히 많기에, 일단 실행하고 직접 몸으로 뛰면서 답을 찾아가야 한다.

05

다른 사람을 성장시켜
나 또한 성장한다

아이폰으로 IT업계를 넘어 전 세계적 신드롬을 일으킨 스티브 잡스는 한때 매킨토시의 판매 부진과 독선적인 경영방식으로, 이사진에 의해 자신이 만든 회사 애플에서 쫓겨나는 수모를 겪었다. 넥스트, 픽사 등 여러 회사를 전전하다 다시 애플에 복귀한 후 아이팟, 아이폰으로 화려하게 재기에 성공했을 때 그는 달라져 있었다. 과거 남의 아이디어도 자기 것처럼 발표하던 것과 달리, 자신의 성공과 업적을 우리 모두의 힘으로 일군 거라고 공공연하게 이야기한 것이다. 인화의 마인드를 갖고 돌아온 천재는 더욱 무서운 법이니, 시대의 아이콘으로 한 획을 그을 수 있었다.

독불장군은 한계가 있는 법이니, 우리는 서로 돕고 살아가야 한다. 큰 배를 띄우기 위해서는 충분한 깊이의 물이 필요한 것처럼, 내가

145

먼 곳까지 항해하려면 나라는 배를 받쳐줄 소중한 동료가 필요하다. 그런 점에서 다른 사람을 돕고 성장시키는 것이 결국 나를 성장시키는 일이라는 마인드를 가질 필요가 있다.

베풀면 돌아온다는
단순한 진리를 믿는다

감사하게도 내 주위에는 내게 도움을 주는 사람이 많은 편이다. 코칭 프로그램의 포스터나 수강생들에게 나누는 수료증 포맷은 모두 주위의 지인들이 무료로 만들어준 것이다. 너무 감사하다. 나 역시 그들이 원하는 게 있으면 해주려 노력한다. 무엇보다 내 주변 사람들이 진심으로 잘되길 바란다. 내 주변이 잘돼야 내가 잘된다. 내가 성공한 점이 있다면, 그건 나 혼자만의 힘으로 된 게 아니라 사람들의 도움으로 그렇게 된 것이다.

나는 본격적으로 코칭 일을 하기 전부터 사람들을 좋아했고, 사람들을 돕는 일을 좋아했다. 금융 사업을 할 때도 어떤 사장은 직원들과 같이 밥을 먹으러 가면 밥값을 내야 한다고 점심 때 같이 안 나가는 이도 많았지만, 나는 일부러 직원들을 데리고 나가서 밥을 사주었다. 내가 직원들 덕분에 돈을 번다면, 그것을 얼마라도 직원들에게 돌려줘야 한다고 생각했기 때문이다. 여름이면 수박을 몇 덩이 사서 시원하게 잘라 직원들 모두와 함께 먹곤 했다. 그러다 보니 우리 회사는 늘 화기애애한 분위기에서 양호한 실적을 낼 수 있었다.

지금 시점으로 보면, 축적된 인맥 덕분에 내가 아는 기업 CEO가 워낙 많고, 여러 분야의 사람들을 알다 보니까 자연스럽게 그들을 연결하는 허브 역할을 많이 하게 된다. 그중에 다수는 나에게 커리어 코칭, 1:1 코칭을 직간접적으로 받았던 사람들이다. 나를 신뢰하기 때문에 이런저런 사람을 소개해달라거나 나를 통해 비즈니스를 펼치려는 사람도 많다.

최근에 고문 계약을 많이 맺고 있는데, 그들은 내가 코치일 뿐만 아니라 기업과 기업, 사람과 사람 간의 허브 역할을 오랫동안 해온 경력 때문에 적임자라고 여기는 것이다. 이런 방식으로 내가 많은 사람에게 도움을 주려고 노력한 것이 다시 나에게 돌아와 나의 주요한 수입원이 되고 여러 비즈니스로 연결되고 있다.

나는 사람들과 두루 협력해서 일한다. 그만큼 사람들이 나를 찾는다. 거기에는 여러 이유가 있겠지만, 가장 중요한 원인은 평소에 내가 사람들을 가리지 않고, 그분들에게 아낌없이 도움을 주었기 때문일 것이다. 도움을 주면 도움이 돌아온다.

세상에 버릴
사람은 없다

좋은 인맥을 갖는 또 하나의 비결은 공평무사하게 모든 사람을 잘
대하는 것이다. 지금은 별 볼 일 없는 사람이라도, 장차 큰일을 할 수
도 있으며, 그렇지 않더라도 세상은 의외로 좁은 법이니 나중에 어
떤 모습으로 다시 만나게 될지 모른다. 무엇보다 모든 사람은 다 자
신만의 쓰임새가 있는 법이니 뭔가 부족하다고 해서 절대로 함부로
대해서는 안 된다.

성인군자는 사람을 버리는 법이 없다는 말이 있다. 도교의 종조(宗
祖)인 노자는 말했다.

"잘 다니는 사람은 자취를 남기지 않고, 말을 잘하는 사람은 말실
수가 없으며, 셈을 잘하는 사람은 주판이 필요 없고, 자물쇠를 잘 거
는 사람은 도둑이 그것을 열 수 없으며, 결박을 잘하는 사람은 동아
줄이 없어도 풀 수 없다.

이처럼 인은 사람을 잘 구해내니, 버리는 사람이 없다. 선한 사람
은 그렇지 않은 사람들의 스승이 되고, 선하지 않은 사람도 선한 사
람에게 도움 될 수 있다.

사람의 스승 됨과 도움을 귀하게 여기지 않는다면 비록 지혜가 있
더라도 크게 미혹될 수 있다. 이것을 일컬어 중요한 묘수라고 한다."

그 어떤 사람도 누군가에게 도움 될 수 있다는 깨달음이 삶의 묘

148

책임을 말하고 있다. 선하지 않은 사람도 누군가의 거울, 타산지석이 되는 쓰임이 있을 수 있다. 그러하니 평범한 사람들은 어떻겠는가? 천지가 그 무엇도 버리지 않고 만물을 기르듯, 성인군자는 사람을 버리는 법이 없으니 우리도 그것을 잘 보고 배워 만나는 연인마다 그 재능을 꽃피울 수 있도록 지원해야 한다. 그렇게 한다면 나를 둘러싼 인적 네트워크의 숲에서 나는 자연스럽게 성장할 수 있을 것이다.

서로를 성장시키는
선순환 구조를 꿈꾼다

그 외에도 내가 사람들의 협조를 잘 끌어낼 수 있는 원인은, 나의 부족함을 솔직하게 인정하기 때문이다. 내가 잘 못하는 부분에 대해서는 상대방의 의견을 적극적으로 받아들이고 상대방에게 도움을 청한다.

대체로 사람들은 가능성이 보이는 일에 참여하고 싶어 한다. 그런 면에서 내가 하는 일이 얼토당토않은 일이라면 도와주고 싶은 마음이 생기질 않을 것이다. 그런데 어떤 일에서든 일정한 성과를 내기 때문에 보람을 느끼면서 도와주는 부분도 있을 거라고 생각한다.

끝으로, 이러한 협업의 기본 베이스는 무엇보다 내가 성장의 철학을 가지고 있기 때문이다. 나 자신도 성장하길 바라고, 또 내 주위의 사람들을 어떻게든 돕고 성장시켜주려고 한다. 그렇기에 자연스레 나를 따르는 사람들이 생기고 나를 도와주려는 마음을 갖게 되는 것이다.

나는 사람에게 물을 준다는 이야기를 자주 한다. 사람에게 성장의 물을 계속해서 주는 것이다. 화분에 물을 일정 기간 꾸준히 주면, 처음에 시들시들 잡초 같았던 풀이 점차 자라나 꽃을 피우고 열매를 맺는 것처럼, 사람도 마찬가지다.

사람에게 방향을 제시하고 격려하고 긍정의 에너지를 부여하면, 사람이 점차 자라나는 것이 보인다. 하나씩 성과를 내고 나중에는 큰 인물로 성장하는 것이다. 그리고 그 사람이 또 다른 누군가를 성장시키는 선순환 구조가 만들어진다. 이렇게 서로가 서로를 성장시키는 사회, 그것이 우리가 꿈꾸는 공동체의 중요한 한 특징일 것이다.

《논어》〈안연편〉은 말한다.

군 자 성 인 지 미　불 성 인 지 악　소 인 반 시
君子成人之美, 不成人之惡, 小人反是

군자는 사람의 좋은 점을 이루도록 도와주고, 나쁜 점은 이루어지지 못하도록 한다. 소인배는 그 반대로 한다.

이 말이 뜻하는 바는 명백하다. 성인군자까지는 못 되더라도, 올바른 사고방식을 가진 사람이라면 다른 이의 장점을 극대화하고, 그가 발전할 수 있도록 도와줘야 한다. 소인배가 되어 남의 나쁜 점을 부각하고 동참하는 이는 당연히 자신도 멸망의 길로 접어들 것이다. 누군가에게 잠재된 재능을 발휘할 수 있도록 돕고 성장시키는 것은 그 자체도 보람 있는 일이지만, 그렇게 하는 것이 자신의 성장 또한 도모하는 길이다.

06

돈보다는
업으로 사고한다

마르크스는 노동을 인간과 자연을 매개하고 상호작용하게 하는 것이라고 하면서 노동은 신성하다고 했다. 노동은 분명히 인간 삶에서 매우 중대한 것이다. 주기도문에도 '우리에게 일용할 양식을 주옵시고'라는 문구가 나올 정도로 밥벌이는 인류사에서 늘 삶의 중심축에 있었다.

하지만 이 노동과 밥벌이를 어떻게 하면 고통스럽지 않게, 지속 가능하면서 즐겁게 할지를 생각해야 한다. 단순히 먹고사는 문제를 조금 더 고차원적으로 체계화하여, 평생 할 수 있고 즐겁게 할 수 있는 걸 찾아야 하니 나는 그것이 업이라고 생각한다. 지금 당장 눈앞의 이익도 중요하겠지만, 장기적인 관점에서 내 업이 무엇인가를 생각하고, 그에 대한 인생 이면의 플랜을 세우고, 거기에 따라 움직여야 한다.

과거로 끝난 것은 비용이고,
미래에 남는 것은 투자다

지금 당장의 비용이 아깝다고 해서 미래를 위한 투자를 하지 않는 것은 어리석은 일이다. 나는 10년 넘게 강의하고 있지만, 나 역시 엄청나게 많은 강의를 들었고, 교육을 받는 데 드는 비용을 아끼지 않으면서 누구보다 열심이었다. 그것은 미래의 내 업을 위한 투자라고 생각했기 때문이다. 공장에서 일을 하면서도 야간 고등학교에 다녔고, 이혼하고 나서도 부족한 돈을 아껴서 자기계발에 투자하고 대학에 입학했다. 주위의 비아냥거림에도 아랑곳하지 않고, 미래를 위한 준비를 소홀히 하지 않았다.

사업에 실패하고 나서도 학자금 대출을 받아서 대학원에 진학했다. 공부하고 강의 듣고 뭔가를 배우는 걸 비용으로 생각해서는 안 된다. 쓰고 소모해서 과거로 끝나버린 것은 비용이고, 미래에도 남는 것과 미래를 위한 것은 투자다. 지금 눈앞에 입금되는 돈이 아니라 평생 어떤 업이 나를 지켜줄 것인가, 어떤 업으로 살아갈 것인가를 생각한다면 현재에만 안주할 수 없다.

30대 중반에 함께 모델하우스 분양팀에서 일했던 친구가 나를 찾아왔다. 근 8년 만에 나를 찾아왔는데 차를 마시면서 대뜸 이런 요청을 했다. 요지는 인생을 살아가는 방법을 나에게 배우고 싶다는 것이었다. 자신은 늘 제자리에 있었는데 나는 한 단계씩 승진하고, 점차 이름도 알려지고, 계속 성장해가는 걸 보았기에 그 비법을 가까이서 배워보고 싶단다.

돈은 인생에서 필수 불가결한 요소지만, 자산을 늘려나가는 것에만 혈안이 되면 인생이 불행해진다. 나는 기본적인 마인드가 100만 원이 있으면 100만 원으로 살고, 200만 원이 있으면 200만 원으로 살자는 주의다. 돈이 궁하면 대리운전이라도 하면 된다는 생각이다. 돈이 더 이상 필요 없다고 하더라도, 인생을 보람 있고 즐겁게 살려면 반드시 업이 필요하다. 물론 대개의 경우 지속적으로 경제적인 성과를 보장받는다는 의미에서 더욱 업이 중요하다.

그래서 나는 누군가가 경제적인 문제로 고민을 토로하면, 항상 업으로 대답한다. 너는 무슨 일을 하면서, 무엇을 업으로 삼고 살 것이냐? 그런 마인드로 접근해야 지속 가능한 수입을 얻을 수 있기 때문이다.

요즘 대학생들은 학자금 대출을 많이 받는다. 예전에는 부모님이 소를 팔아서라도 학비를 지원했지만 요즘은 워낙 저성장 시대인 데다 등록금도 비싼 편이라 녹록지 않다. 그러다 보니 학생들을 위한 대출 프로그램이 많이 마련이 되어 있다. 자연히 학교를 졸업할 때는 학생들이 상당한 빚을 지고 사회생활을 시작하는 경우가 많다.

연애, 결혼, 출산 등등을 포기한다면서 이른바 '3포세대', '4포세대' 하다가 이제는 'N포세대'라는 말까지 나왔다. 이런 위기에 빠진 젊은 세대들이 가장 궁금해하는 건 역시 진로에 대한 것이다. 그중에서도 언제나 많이 하는 질문이, 좋아하는 일을 해야 하는지 아니면 당장 돈 벌 수 있는 일을 해야 하는지에 대한 것이다.

나 자신이 그런 입장에 놓인 청년이라면 나는 이렇게 하겠다. 지금 할 수 있는 일, 돈 벌 수 있는 일을 하되, 내가 나중에 하고 싶은 일을 할 수 있는 기반을 꾸준히 닦아나갈 것이다. 현실적인 문제도 도외시할 수 없다. 하지만 그 때문에 꿈을 포기한다는 것은 너무 비극적인 일이다.

예를 들어 내가 웹툰 작가가 꿈이라면 회사 다니면서 웹툰 학원에 다니는 것이다. 현시대는 하나의 수입원, 하나의 인컴 파이프라인만으로 살아갈 수 있는 세상이 아니다. 계속 자기계발을 하고 새로운 기술을 익히면서 자신의 네임 밸류를 구축해가야 한다.

내 꿈이라고 하는 것은 내가 평생 업으로 삼고자 하는 거다. 당장의 돈과 시간을 아껴서, 물밑에서라도 계속 업에 대하여 사고하고, 그 업에 투자를 해나가야 하는 것이다.

어려운 것을 먼저 하면
획득하는 것이 뒤에 따른다

한번은 제주도에서 '행복'을 주제로 큰 강연이 열렸는데, 메이저

언론사의 기자들이 취재할 정도였다. 그런데 강의 한 파트를 담당한 저명한 C 교수님이 갑자기 불참 의사를 밝히면서 강사 자리 하나가 공석이 되었다. 많은 인원이 운집하는 강의였는데, 급하게 강사를 찾는 중에 나에게까지 연락이 왔다. 나에게 연락을 한 친구도 박사에 나름대로 실력이 있어서 그냥 네가 하라고 했더니 자신은 네임 밸류가 없어서 안 되고, 언니 정도면 후보로 올릴 수 있다고 했다. 그래서 그러라고 했더니 후보 8명 중 내가 선정되어서, 영광스럽게도 그 강의를 맡게 되었다.

내가 그러한 강의를 통해 또 한 번 나 자신을 업그레이드할 수 있었던 것은 평소에 꾸준히 나의 네임 밸류를 높이고, 널리 알리기 위해 노력해왔기 때문이다. SNS도 1, 2년 자신이 하고 싶은 이야기만 하다가 접다시피 하는 사람이 많은데, 나는 10년 이상을 지속하면서 내 이름을 알렸다. 학교 안에서나 밖에서나 계속 공부하면서 실력을 키웠고, 많은 사람의 성장에 관여하면서 사람과 사람을 연결하는 역할을 지속했다.

당장 경제적인 이익이 없는 경우도 많았고, 오히려 금전적인 면에서는 손실이 많이 발생했지만, 그걸 비용이 아닌 투자라고 생각하면서 내 업과 나의 브랜드를 키워나간 것이다. 돈보다는 업을 중심으로, 어떻게 살아갈 것인지를 생각하고, 끝없이 성장하면서 자신의 네임 밸류를 높여간다면, 경제적인 부분은 저절로 따라올 것이라는 믿음이 있었다.

《논어》〈옹야편〉에는 이런 말이 있다.

문 인 왈 인 자 선 난 이 후 획 가 위 인 의
問仁, 曰, 仁者先難而後獲, 可謂仁矣

인(仁)에 대해서 묻자 공자께서 답하셨다. 어려운 일을 먼저하고, 이익을 나중에 얻는다면 인이라고 할 수 있다.

이 말은 우리가 자주 언급하는 '선고후락(先苦後樂)'과도 통한다. 우리가 생을 살면서 얻고자 하는 진정 가치 있는 것들은, 쉽게 얻어지지 않고 언제나 시간과 정성을 많이 요하는 것들이다. 덕성이든 업이든 처음에는 모두 인내를 요구한다. 우리가 튼튼한 반석 같은 업을 갖고 싶다면, 이처럼 힘든 것을 먼저하고 획득하는 것은 뒤에 하는 '선난후획(先難後獲)'을 생각해야 한다. 꿈을 위해 투자하고 바쁜 와중에 힘들어도 공부하고 자기계발을 계속하면, 획득하는 것은 당연히 뒤에 따르게 마련이기 때문이다.

티베트의 성자 달라이라마는 우리가 당장의 쾌락만 따라가서는 고통을 피할 길이 없다고 말했다. 인(仁)을 비롯하여 세상의 아름다운 가치들은 늘 충분한 성숙의 기간이 필요한 것이니, 그러한 미래지향적인 관점에서 인생을 설계해야 한다. 당장은 시급한 경제활동을 하더라도 늘 이러한 '선난이후획(先難而後獲)'할 수 있는 장기적인 플랜, 장기적인 업을 놓쳐서는 안 된다는 것이다.

당장 눈앞의 이익에만 지나치게 집착하면 갈팡질팡하다 세월만 보내기 쉽다. 인생은 항상 장기적인 관점과 단기적인 관점을 모두 고려해야 한다.

　정리하자면, 일할 때 당장의 돈보다는 어떤 업을 갖고 살아갈 것인가를 염두에 두고, 자신의 업을 분명하게 규정할 수 있어야 한다. 그리고 그 업에 대하여 계속 자금과 시간과 노력을 투자해야 한다. 그렇게 했을 때, 균형 잡힌 재정관리를 할 수 있고 미래까지 경제적인 안정성을 보장받으면서, 정신적으로나 물질적으로나 풍요로운 삶을 살 수 있다.

07

그럼에도 불구하고,
계속 나아간다

'삶이 그대를 속일지라도 슬퍼하거나 노여워하지 말라'는 푸시킨의 시구처럼 세상은 나에게 모든 조건이 충실하게 갖춰진 온실이 아니다. 내가 살아가는 현실이 완벽해지길 바라는 것은 환상이다.

천국과 같은 완벽한 세계라는 뜻의 '유토피아(utopia)'는 그리스어 '없음(ou)'과 '장소(toppos)'의 합성어로, '세상에 없는 장소'라는 의미다. 유토피아를 꿈꾸는 것은 자유지만 그것이 지금 나의 현실이어야만 한다고 고집하고, 그렇지 못한 현재에 대해 분노에만 사로잡혀 있는 것은 어리석은 일이다.

우리의 삶은 늘 구덩이를 메우거나 언덕을 만들거나 해야 할 일들이 있다. 그것을 받아들여야 한다. 공자는 말했다.

"산을 만든다고 할 때, 한 삼태기의 흙이 모자라서 미완성이 되었

159

는데, 거기서 멈추었다면 내가 멈춘 것이요, 평지를 만든다고 할 때, 한 삼태기의 흙을 덮어서 진전이 있었다면, 그것 역시 내가 진전을 이룬 것이다."

우리는 인생에 어려움을 겪거나 불만족스러운 현실이 닥치면 세상 탓, 환경 탓, 과거 탓, 사람 탓을 한다. 그렇게 되면 더욱 큰 절망에 빠지고, 나쁜 선택, 무리한 행동, 극단적인 길을 걷게 된다. 내 인생 길을 내가 아닌 다른 무엇인가에 맡기면 점차 힘이 빠지고, 어두운 길로 걸어갈 수 있는 것이다.

내 인생에서 흙을 옮겨 산을 쌓고 마무리하는 것도 나의 몫이고, 빈 구덩이에 흙을 덮어 평지를 만들고 앞으로 나아가는 것도 나의 몫이라는 공자의 말처럼 내 인생의 주인공은 나이기에 모든 건 나 자신에게 달렸다. 그렇기에 환경 탓을 하지 말고 나 자신이 내 인생의 주체가 되어 꿋꿋이 앞으로 나아가는 것이 무엇보다 중요하다.

모든 걸
다 가질 수는 없다

한 법조인의 부인 Y를 코칭해준 일이 있다. 남편이 사법고시 공부를 할 때 자신이 뒷바라지를 다 해주면서 희생했는데, 그가 한눈을 팔았다며 울고불고하면서 이혼하겠다는 것이다. 기분이 불쾌하여 도저히 견딜 수 없다면서 울분을 토해내는 그녀는 당장에라도 법원으로 내달릴 기세였다. 평소에 사적으로도 잘 알고 지내던 사람인지라, 그녀는 내가 맞장구를 쳐주기를 기대한 것으로 보인다.

한참 하소연을 들어준 이후에 지금 당장 이혼하면 기분이야 풀리겠지만 그다음에는 어떻게 할거냐고 물었다. 의외라는 표정으로 잠시 뚱한 표정을 짓던 그녀는 그래도 못 참겠다고 했다.

나는 차분히 그녀에게 말했다.

"제가 그런 상황이라면 더 잘해드릴 것 같아요. 시어머니, 시아버지 더 챙겨드리고, 남편이 집에 오면 밥 먹었냐고 물어보고 더 좋은 보양식으로 챙겨주고, 속옷도 더 신경 써서 옷장에 넣어줄 것 같아요."

그녀는 발끈하면서 감정이 상했는데 어떻게 그럴 수 있냐고 했다. 하지만 이내 이야기를 좀 더 들어보고는 신중히 다시 생각했다.

당신이 그렇게 하면 남편은 그래도 날 걱정해주는 것은 아내밖에 없구나, 내가 돌아갈 곳은 여기구나 하고 생각할 것이다. 그러면 점점 더 가까워지고 다시 금슬도 좋아진다. 잠시 분풀이해봐야 며칠 기분이 나아질지 모르겠지만 당신을 둘러싼 모든 상황은 점차 악화일로를 걸을 것이다. 한눈파는 남자 대부분이 결국 조강지처가 있는 집으로 돌아온다. 아내가 흔들리지 않고 자기 자리를 지킨다면 말이다.

모든 걸 가질 수는 없다는 것을 우리는 받아들여야 한다. 언제든 무엇인가 아쉬움과 부족함이 있는 것은 매우 정상적인 상태다. 자신을 둘러싼 환경이 완벽하게 돌아가길 바란다면 세상에 대해서 지나치게 무지하거나 자신에 대해서 오만한 것이다.

다만 그 부족한 환경에 대해서 내가 어떤 태도와 입장을 가지느냐가 향후 삶의 방향을 결정한다. 나는 이러한 철학으로 많은 내담자의 가정을 지켜냈다. 어쩌면 젊은 날의 내 짙은 결별의 상처가 나를 성장시킨 덕분이기도 할 것이다.

때때로 삶이 나를 속일지라도 잠시만 슬퍼하고, 잠시만 노여워하고, 그래도 계속 나아가야 한다. 그녀는 내가 해준 코칭을 그대로 따랐고, 지금은 자녀들과 함께 이전보다 더 화목하게 잘 살고 있다.

환경 탓으로
허송세월하지 않는다

가끔 재능기부 차원에서 적은 강의료만 받고도 강의를 나가는 경우가 있는데 그런 경우는 대체로 두 가지다. 하나는 대학생들을 위한 동기부여 차원의 강의이고, 하나는 경력이 단절된 여성들의 진로와 관련된 강의를 할 때다. 젊은 층에게 힘을 불어넣어주는 강의나 커리어 문제로 어려움에 처한 여성들을 돕는 강의는 수강료를 크게 따지지 않고 나가는 편이다.

이렇게 하는 이유는 내가 32세 때 이혼하고, 앞이 막막했을 때 아무도 내 손을 잡아주는 사람이 없었기 때문이다. 큰 도움이 아니라도 나를 위로해주는 작은 도움의 손길이라도 있었으면 한때 내가 극단적인 생각까지는 하지 않았을 것이기 때문이다.

내가 겪어왔던 일들을 돌아보면, 마치 종합선물 세트처럼 다양한 고난이 있었다. 싱글맘, 고졸, 야간대, 소녀 가장 등등 코칭과 강의를 하면서 여성들을 만나보면 하나에만 걸리는 사람은 있어도 나처럼 모두가 걸려 있는 사람, 그리고 그것을 심적으로 건강하게 극복해낸 사람을 만나기란 어렵다. 그렇기에 내가 그녀들에게 공감하고, 긍정적인 에너지를 주는 동반자 역할을 할 수 있는 것이다.

내가 이들을 만나면서 가장 많이 하는 말 중 하나는 제발 환경 탓 좀 하지 말라는 것이다. 내가 가장 듣기 싫어하는 말이 바로 그 환경 탓이다. 특히 부모님에 대해서는 낳아준 것만으로도 감사하게 여기고, 그것으로 의식에서 종료하라고 말한다.

많은 사람이 자기가 부모님이 이혼해서 내가 이렇게 되었다는 등 제대로 도와주지 않아서, 학대해서, 방치해서, 뭐가 어떻게 되어서 자기가 이렇게 되었다는 등 주저리주저리 이야기한다. 핑곗거리를 찾는 것은 어리석은 인간의 마음이 가진 아주 흔한 습성이다. 내가 부모 탓, 환경 탓을 이야기하자면 3박 4일을 꼬박해도 모자란다. 하지만 나는 그렇게 하지 않는다. 그런 것에는 1분도 쓰고 싶지 않다.

자기가 하는 일이 정체되고, 앞으로 나아가지 못하는 것은 모두 이렇게 핑곗거리를 찾기 때문이다. 문제는 다른 사람이나 환경이 아니라 내가 현재 시점에서, 핑계와 불만에만 빠져 있는 것처럼 뭔가 잘못된 생각을 하고 잘못된 행동을 하는 거다. 어떤 상황에도 불구하고, 내가 뭔가를 잘하고 열심히 하고 있으면 어디서든 나를 찾는 사람이 있게 마련이다.

자신의 자리에서 무엇인가를 성실히 하고 있으면 세상이 귀신같이 알아차리고 와서 일이 생기는 법이다. 그러니 부디 환경 탓을 하거나 사람 원망, 세상 원망을 하면서 허송세월하지 말라. 지금 아무리 힘들더라도, 그럼에도 불구하고 계속 나아가라. 계속 나아가야 그 위기를 해결할 수 있다.

끝까지 해보고, 안되면 다르게 한다

여러 번 넘어져도 상관없으니 다시 일어나서 계속 끝까지 해보라. 그리고 그렇게 해도 안되면 그때 다르게 해보라. 알베르트 아인슈타인은 말했다.

"매일 똑같은 일을 반복하면서 다른 결과를 기대하는 것은 바보 같은 짓이다."

우리가 지금 아무리 노력해도 안되는 위기에 처해 있다면, 똑같은 실수가 반복된다면, 새로운 방법을 시도해볼 필요가 있다. 첫 번째 방법으로 계속해봤는데, 결과가 좋지 못하다면 또 다른 방법을 찾아봐야 한다.

물론 여기서 중요한 것이 있다. 한 가지 방법을 쓸 때는 미련이 없을 정도로 다 해봐야 한다는 것이다. 그렇지 않으면 다시 첫 번째 방법으로 돌아가고 싶다는 회의가 생길 수 있고, 오판할 수 있기 때문이다. 그렇게 첫 번째 방법이 잘 안되었을 때 두 번째 방법으로 다시 끝까지 해보고 그래도 일이 잘 안되었다면? 다 해봤으니 미련 없이 새로운 길을 찾아 떠난다.

즉, 완전히 길이 막혀 있을 때는 이전과 다르게 생각하거나 다르게 행동하는 것이 위기에서 벗어나는 실용적인 비결이다. 정리하면 결국 답은 단순하다. 끝까지 하거나 다르게 하는 것이다. 이것을 생각하며 계속 나아가면 반드시 위기에서 벗어날 수 있고, 원하는 지점에 도달할 수 있다.

《논어》〈술이편〉에는 이런 말이 나온다.

<ruby>子<rt>자</rt></ruby><ruby>曰<rt>왈</rt></ruby>, <ruby>與<rt>여</rt></ruby><ruby>其<rt>기</rt></ruby><ruby>進<rt>진</rt></ruby><ruby>也<rt>야</rt></ruby>, <ruby>不<rt>불</rt></ruby><ruby>與<rt>여</rt></ruby><ruby>其<rt>기</rt></ruby><ruby>退<rt>퇴</rt></ruby><ruby>也<rt>야</rt></ruby>

공자께서 말씀하셨다. 나아가는 자와는 함께하지만, 퇴보하는 자와는 함께할 수 없다.

공자는 말했다. 뒤로 가는 자와는 함께 갈 수 없지만, 앞으로 나아가는 자와는 함께 갈 수 있다고. 세상일이 힘들고 지치면 모든 것을 포기하고 싶기도 하고, 험한 일을 벌여서라도 이 고난에서 벗어나거나 목표한 것을 무리하게 얻으려는 생각을 한다. 그렇게 되면 퇴보하는 것이니, 곧 화를 입는다.

힘들고 지치면 잠시 쉬어갈지언정 앞으로 나아가는 방향성만은 잃으면 안 된다. 나침반을 상실하면 속도가 빠른 것은 아무런 의미가 없으니 오히려 문제가 발생한다. 고난 없는 인생이란 없다. 그럴 때일수록 정신을 똑바로 차리고 조금씩이라도 앞으로 계속 나아가야 한다.

08

성장을 위한 인생 고통을 두려워하지 않는다

요즘 사무실에서 1:1 코칭을 하고 있으면, 한 번씩 딸이 장난스러운 표정으로 나를 쳐다보면서 사진을 찍곤 한다. 유리문 너머 내가 집중해서 사람들을 상담해주고 있는 모습을 스마트폰 카메라 앵글에 오래 남을 추억으로 담아내는 것이다. 그리고 그 장면을 자신의 SNS에 올리기도 하고, 나에게 보내주기도 한다. 일하는 엄마의 모습이 멋지다는 멘트와 함께 보내준 그 사진을 나의 페이스북에 올릴 때면 나도 모르게 미소가 퍼진다. 딸에게 인정받는 삶을 산다는 게 얼마나 행복한 일인가?

그렇지만 여기까지 오는 과정이 마냥 순탄치만은 않았다. 나는 딸보다 어린 나이에 소녀 가장이 되었고, 누구에게도 관심을 받지 못하는 학창 시절을 보냈다. 그 이후로도 다사다난한 생을 살면서 몇 번이나 포기하고 싶었다. 하지만 어려움을 밑거름으로 삼아 성장의 길을 포기하지 않았기에 지금의 여유를 누릴 수 있게 되었다.

공자의 탄생에 대해서 한(漢) 대에는 여러 위서(僞書)가 용이 날았으니, 여신이 떠받들었느니 등의 말로 신비화해놓고 있지만, 실제로 그의 어린 시절은 매우 불우했다. 하급 관리 집안 출신으로 언제든 서민 계층으로 전락할 수 있는 상황이었다. 3세 때 아버지를 잃었는데 집안이 가난하여 장사 지낼 돈조차 없었다고 하니, 어려서부터 스스로 생계를 해결해야 했다. 20대 초반에 어머니까지 돌아가시면서 의지할 마땅한 피붙이 하나 없이 자수성가해야만 했다. 하지만 그런 어려운 가정환경에서도 후세에 이름을 남긴 군자가 되었다.

살다 보면 어려운 시기가 찾아오게 마련이다. 그런 시기를 대나무가 자라듯 성장의 마디로 삼는 지혜가 필요하다.

사랑의 힘으로
버틴다

2010년대 중반경, A대학교 경영학부에 강의를 나간 적이 있다. A대학교에서의 강의는 대형 강당에서 학생 300여 명을 상대로 하는 것이었다. 앞서 말한 것처럼 학생들에게 힘을 불어넣는 강의는, 경력 단절이 된 주부들에게 하는 강의처럼 조금 여건이 좋지 않아도 적극적으로 나가는 편이다. 어느 정도 재능기부의 의미도 있기 때문이다.

때는 늦여름에서 가을로 넘어가던 시점이었고, 캠퍼스는 신록으로 가득했다. 캠퍼스의 가을은 늘 화창하고 아름답다. 때로는 캠퍼스에서 결혼식이 열리기도 하는데, 순백의 웨딩드레스를 입은 신부와 캠퍼스의 화려한 꽃나무는 썩 잘 어울려 천국 같은 풍경을 만들어내기도 한다. 그래서 캠퍼스에 오면, 비단 학생들뿐만 아니라 대학을 찾은 인근 주민이나 사람들의 표정이 밝고 생기가 넘치기에 늘 좋은 기운을 받고 돌아간다는 느낌을 받는다.

우리나라의 많은 대학이 그렇듯 A대학교도 언덕이 많았다. 경영대학의 언덕을 올라가는 길은 한 번쯤 중간에 다리쉼을 하고, 손등으로 이마를 닦아야 할 정도로 오르막길이 심한 편이었다. 하지만 나는 그 길이 하나도 힘들게 느껴지지 않았다.

왜냐하면 그 학교는 딸이 다니고 있었기 때문이다. 나는 딸의 대학에서 강의 요청을 받았을 때, 수강료에 대해서는 별로 개의치 않고 하겠다고 했다. 딸에게 작은 깜짝 선물을 해주고 싶었기 때문이다.

아침에 나는 짐짓 딸에게 오늘 특강이 있냐고 물어보았다. 그러자 딸은 뾰로통한 표정으로 수업 듣고 리포트 쓰기도 바쁜데 특강은 왜 하는지 모르겠다면서 불만 섞인 말을 했다. 출석 체크까지 해서 빠지기도 힘들고, 부담스럽다는 딸에게 그래도 그런 특강이 인생에 큰 도움이 될지도 모른다고 둘러대며 꼭 참석하라고 했다.

꼭대기까지 도착한 다음 나는 잠시 육중한 경영대학 건물을 바라봤다. 그리고 건물로 들어가 곧장 대강당으로 향했다. 문 앞에 놓인 테이블 앞에 생수병과 자료집을 집어 들었다. 눈인사하고 생수를 한 모금 마셨다. 그리고 문을 열어주려는 안내자에게 괜찮다면서 손수 문고리를 잡았다. 나의 키보다 훨씬 큰 문이었다. 외부에 소리가 들리지 않도록 방음벽처럼 뽀송뽀송해 보이는 쿠션이 천정에서 발끝까지 닿아 있었다. 과연 문을 열고 나니 젊음의 생기가 넘치는 아이들의 목소리가 와아, 하고 귓전을 때렸다.

나의 모습을 본 딸은 연신 빨리 나가라는 손짓을 했다. 내가 A대학교에 아는 교수가 있었기에 그분을 만나러 왔다가 잠깐 자기를 만나러 온 것으로 착각한 거다. 나는 웃으면서 천천히 무대 위로 발걸음을 옮겼다. 내가 무대 중앙에 이르자 딸은 눈이 휘둥그레진 채 더욱 빠른 손짓으로 나가라는 신호를 했다. 그러면서 '왜 그래?' 하는 입 모양으로 무언의 외침을 연신 내질렀다. 물론 사회자의 소개로 내가 그 특강의 강사임을 알게 되기까지 오랜 시간이 걸리지는 않았다.

1시간 30분가량 강의를 진행했다. 어떻게 인생의 굴곡을 헤쳐왔는지, 딸아이들과 주고받는 사랑의 힘으로 역경을 이겨내며 이룬 나의 성공 스토리를 풀어냈다. 강의가 끝날 무렵, 나는 마지막 인사를 했다. 물론 딸에 관한 이야기였다.

"오늘은 다른 어떤 날보다 더 행복하고 의미 있는 시간이었습니다. 왜냐하면 제 딸도 이곳에서 강의를 듣고 있기 때문입니다."

나의 손끝이 향하는 곳을 쫓아서 아이들의 고개가 도미노처럼 휩쓸려 갔다. 딸은 다소 쑥스러워하면서도 날 향해 손을 흔들어줬다. 강의가 끝나고 구름처럼 몰려온 학생들에게 사인을 해줬고, 덩달아 딸도 주목받았다.

밖으로 나가니 경영대학 교수님들이 나를 기다리고 있었다. 교수님들과 흔쾌히 저녁 식사를 하러 갔다. 많지 않은 강의료였지만, 이렇게 내 인생에 특별한 시간을 마련해준 게 감사하여 교수님들께 식사를 대접했다. 물론 딸도 함께했다. 나는 밥 먹는 동안에도 언덕을 올라가던 그 설렘이 가시지 않았다. 그래서인지 자꾸 딸아이의 밥그릇 위에 고기를 얹어주었다. 식사 자리를 파하고 돌아오는 길에 딸아이가 말했다.

"엄마, 친구들이 나보고 엄마한테 잘하래."

나는 묵묵히 듣고만 있었다. 집으로 들어오는 외진 가로등이 있는 골목, 딸아이에게서 처음으로 엄마가 너무 멋지다는 이야기를 들었다.

인생의 마디를
즐긴다

나는 그때 생각했다. 내가 아직도 그 30대처럼 승승장구하면서 성공 가도를 달리면서 사업에만 몰두하고 있었다면 나에게 이런 행복한 시간이 있었을까? 모든 성장에는 성장통이 있는 법이고 진정한 변화는 멈춤과 함께 시작되는 것이다. 대나무는 마디를 짓고 자란다고 한다. 그 두꺼운 마디가 없다면 대나무는 더 이상 성장할 수 없다. 마디를 만드는 순간은 고통스럽지만, 한편으로 그 마디는 인생의 경험과 지혜가 한순간에 농축되고 집약되는 순간들이니, 그만큼 가치 있는 순간이 아닐까? 독자 여러분도 자신에게 주어진 인생의 마디를 즐길 줄 아는 혜안(慧眼)을 갖길 바란다.

《논어》〈자한편(子罕篇)〉에는 이런 말이 나온다.

'공자께서 말씀하셨다. 추운 겨울이 되고 난 후에야, 소나무와 잣나무가 쉽게 시들지 않는 것을 알게 되느니라(子曰자왈, 歲寒세한, 然後知松栢之後彫也연후지송백지후조야).'

이 말을 통해 우리는 인생의 가장 근본적인 이치에 대해서 새삼스럽게 깨달음을 얻을 수 있다. 모든 잎사귀가 떨어지는 시기, 푸르름이 변치 않는 나무가 무엇인가를 알게 되는 것처럼, 우리는 인생에 추운 시기를 겪고 나서야 진정으로 삶에 중요한 것이 무엇인지를 알게 된다.

04

행 복 을   논 하 다

나의 행복은
전적으로
내 손에 달렸다

01

나의 소중한 행복을
남에게 맡기지 않는다

상담이나 코칭 프로그램을 함께하려고 찾아오는 사람들의 이야기를 듣다 보면 고민하는 큰 주제는 흡사한 경우가 많다. 현대인들이 겪고 있는 어려움에는 공통점이 많은 것이다. 내가 어디로 가고 있는지, 내가 진정으로 원하는 것이 무엇인지, 나는 왜 지금 행복하지 않은지, 내가 지금껏 뭘 위해서 살아왔는지에 대한 회의, 외로움, 불안감 등등이다. 사람이 싫다거나 알 수 없는 분노에 휩싸여서 찾아오는 이도 많다. 이런 것들이 자신의 영혼을 잠식하고 있는데 해답을 찾을 수 없으니 나를 찾아오는 것이다.

이것은 모두 자신을 더 깊이 들여다보지 않은 데서, 그런 기회를 얻지 못한 데서 생기는 문제다. 자신을 깊이 들여다보면 행복의 근원이 자기 안에 있음을 발견하게 된다.

정리하자면 번뇌와 고민이 많은 삶에서 벗어나 행복해지기 위해서는 두 가지에 중심을 두어야 한다. 첫째, 자신의 문제에 대한 답을 스스로 찾을 수 있어야 한다. 자신을 돌아보는 시간을 충분히 가지면 분명 스스로 해결책을 찾을 수 있다. 둘째, 나의 희로애락을 남의 손에 휘둘리지 않게 한다. 이는 한결같은 평안과 행복을 유지하는 제일의 비결이다.

나 자신에게
질문을 던진다

먼저 자신을 돌아보는 가장 좋은 방법은 자신에게 질문을 던지는 것이다. 나는 코칭 프로그램을 진행하면서 그들에게 여러 질문을 던진다. 가치관이 무엇인지, 자신을 행복하게 하는 것이 무엇인지, 자기 자신의 욕구가 무엇인지에 대해서 질문을 던진다. 그러면 꽤 많은 내담자가 당혹스러워한다. 그런 생각을 제대로 해본 적이 없기 때문이다. 이는 곧 평소에 자기 자신을 들여다본 적이 없다는 말이다. 나는 그들이 자신을 들여다볼 수 있도록 안내해주고, 그들 스스로 내면에 있는 자신만의 해결책, 자신만의 답을 찾을 수 있도록 끌어준다.

증자는 이렇게 말했다.

"나는 매일 나 자신에게 세 가지를 물어본다. 남을 위하여 일을 도모하는 데 충심으로 하였는가? 친구를 사귀는 데 신의를 다했는가? 스승에게 배운 것을 충분히 스스로 익혔는가?"

인격의 도야뿐만 아니라 행복도 마찬가지다. 자기 자신에게 질문을 던질 수 있는 사람이 자신을 잘 알 수 있고, 발전할 수 있고, 자신만의 행복을 찾을 수 있다.

컨설팅과 코칭의 다른 점도 여기에 있다. 상담자가 솔루션을 주는 컨설팅과 달리 코칭은 스스로 답을 찾도록 하는데, 그 효과가 훨씬 더 강력할뿐더러 지속적이다.

조금 더 들어가보면, 이런 것이다. A라는 사람이 금연하고 싶어 한다고 하자. 그러면 컨설팅에서는 담배가 당길 때마다 금연껌을 씹거나 금연초를 피우라고 한다. 또는 사탕 같은 걸 먹거나 운동하라고 할 것이다. 이렇게 솔루션을 제공하는 것이 컨설팅이다.

반면, 코칭은 질문을 던진다. 담배는 당신에게 어떤 의미인가? 담배를 끊고 싶은 이유가 뭔가? 담배를 끊으면 어떤 기분이 들 것 같은가? 담배를 놓지 못하는 이유는 무엇 때문인 것 같은가? 이런 과정을 통해서 그 사람이 스스로 해결책을 알아차리게 하는 것이다. 이러한 코칭 방법은 더 많은 애정과 인내심을 요구하지만, 더 근본적인 변화를 일으키기 때문에 더 효과적이다.

심리상담과 코칭 역시 다르다. 심리상담은 과거로 돌아가 옛날의 감정을 직면하게 해서 변화를 일으킨다. 그 과정에서 내담자가 눈물을 흘리고 카타르시스를 느끼는 경우가 많다. 하지만 그 과거를 직면하는 것 자체를 힘들어하는 사람도 많다. 그리고 과거의 경험으로 현재의 모든 게 결정된다는 프로이트식의 결정론적 시각은 한계가 있다. 어느 것이 더 좋고 나쁘다는 말이 아니라, 접근하는 방식에서 다소 차이점이 있다고 보면 될 것 같다.

물론 심리학에도 현실과 현재 중심적인 분파가 얼마든지 있다. 코칭은 그런 면에서 아들러의 심리학과 비슷하다. 현재 자신이 어떻게 하느냐에 따라 과거의 상처는 얼마든지 극복할 수 있는 것이다. 코칭은 오직 현재와 미래에 집중한다.

"지금은 어떤가요? 그럼 이렇게 해볼까요?"

현재가 축이 되어 현재를 개선하면, 과거의 나쁜 기억도 별거 아닌 게 되거나 오히려 자양분으로 삼을 수 있다. 따라서 코칭은 미래 지향적이다. 여기엔 긍정적인 힘이 있다. 상담자가 직접적인 답을 주는 컨설팅이나 과거만 중심이 되는 상담과는 확연히 다른 것이 코칭이다.

본론으로 돌아가 자신의 문제를 해결하고 행복해지려면 현재를 중심으로 자신에게 질문을 던지는 훈련을 체화해야 한다.

나 자체로
행복한 나를 발견한다

나는 길을 잃고 헤매는 이들에게 언제 행복하냐고 질문을 던진다. 그러면 갖가지 답을 들을 수 있다. 딸이 나를 보고 웃어줄 때, 아내가 나를 인정해줄 때, 직원들이 말을 잘 들을 때 등등……. 그러면 나는 다시 질문한다. 딸이 웃어주지 않으면? 와이프가 인정해주지 않으면? 직원들이 내 말을 경청하지 않으면? 그러면 행복하지 않은가?

내담자가 말한 내용을 바탕으로, 그들이 그렇게 해주지 않으면 정말 행복하지 않은지 재차 묻는다. 그러면 대부분 그런 생각은 해보지 않았다고 한다. 그러면 누군가가 뭔가를 해줬을 때 행복한 것 말고, 내가 스스로 무엇을 할 때 행복한가를 생각해보라고 말한다.

'그들이 웃어주지 않아도, 그들이 인정해주지 않아도, 나는 행복해질 수 있다!'

자전거를 타고 꽃길을 달리며 바람 소리를 들을 때, 동네 나지막한 뒷산에 올라 커피 한 잔을 마실 때, 좋아하는 음악을 들으면서 옛 추억에 잠길 때, 심지어 바닥에 드러누워 멍하니 생각 없이 하늘만 바라볼 때도 행복할 수 있다.

남들이 무엇인가를 해줘서 행복한 것이 아니라, 나 스스로 행복한 것을 찾아야 한다. 그러면 '나는 누군가의 도움 없이도 나 자체로 행복한 사람'임을 발견할 수 있다. 그리고 그렇게 독립적으로 행복한 사람은 관계도 잘 맺을 수 있다.

남에게 의존하는 행복은 기대와 실망으로 불편한 감정을 남기기 십상이다. 언제든 순전한 내 의지로 내가 원하는 행복한 순간을 만들 수 있다면, 그것만으로도 나는 인생에서 누구도 뺏을 수 없는 보물을 가진 셈이다.

《논어》〈자한편〉에는 이런 말이 나온다.

자 왈 삼 군 가 탈 사 야   필 부 불 가 탈 지 야
子曰, 三軍可奪帥也, 匹夫不可奪志也

공자께서 말씀하셨다. 삼군에게서 장수를 빼앗는 것은 가능하다. 그렇지만 평범한 사람에게서 마음을 빼앗는 것은 불가능하다.

삼군의 장수를 빼앗는다는 것은 한 나라 군대의 총사령관을 체포한다는 것이니, 얼마나 어려운 일이겠는가? 물론 그것은 가능하다. 하지만 일개 백성의 마음을 빼앗는 것, 즉 바꾸는 일은 어렵다는 말이다. 그만큼 마음의 힘이 무섭다는 걸 강조한 것이다. 남의 마음을 바꾸는 것이 불가능에 가깝다면, 그러나 내 마음을 바꾸는 것은 훈련으로 충분히 할 수 있다.

일체유심조(一切唯心造, 모든 게 마음이 지어낸 산물)라고 했듯, 사람의 마음과 뜻이 세상사의 모든 걸 만들어낸다. 행복도 이러한 마음의 힘에 대한 이해를 바탕으로 해서 구해야 한다.

결론적으로, 행복한 인생의 관건은 내 행복을 남에게 맡기지 말라

는 것이니, 누가 뭐래도 내 행복의 주인공은 나 자신이 되어야 한다. 내 집이 있으면 남의 집 음식과 잠자리를 동가식서가숙(東家食西家宿)하면서 구걸할 필요가 없다. 마찬가지다. 내 마음의 작용을 내가 운용할 수 있다면 남에게 나의 행복을 떠맡기고 매일 전전반측(輾轉反側), 고민하며 잠 못 들고 괴로워할 필요가 없다.

02

머리는 방황해도
몸은 방황하지 않게 한다

공자는 자신의 모국인 노나라에서 재상의 지위에 해당하는 대사구(大司寇)라는 벼슬에까지 올랐다. 하지만 노나라의 임금에 해당하는 정공(定公)이 향락에 빠져 예법을 무시하자 작위를 내려놓고, 자신의 꿈을 이룰 수 있는 나라를 찾아 각국을 전전하며 자신의 이상을 펼치고자 유세(遊說)하였다. 여러 나라를 돌아다니는 이 기간을 '주유열국(周遊列國)의 시기'라고 한다. 교통수단이 극도로 발달한 오늘날에도 집 떠나면 고생이라고 하는데, 2500년 전의 광활한 중원에서는 어떠했겠는가. 죽을 위기를 비롯하여 갖가지 고초를 겪어야 했다.

이상 국가를 실현하기 위한 일념으로, 그는 상갓집 개와 흡사하다는 굴욕을 맛보면서도 행보를 멈추지 않았으니, 사마천의 《사기(史

記)》에 따르면, 그는 70여 개 나라의 임금을 찾아가 유세했다고 한다. 그는 그렇게 13년간의 방황 끝에 이윽고 68세 나이로 고향인 노나라로 돌아온다. 비록 원하던 바대로 뜻은 이루지 못했으나 노년에 많은 제자를 길러내며 존경받는 삶을 살았다. 시공을 초월하여 오늘날까지 그의 철학이 빛을 발하는 것은 어쩌면 인생의 달고 쓴 맛을 모두 겪어낸 처절한 방랑 경험도 한몫했으리라.

방황이 없는 인생은 없다. 특히 꿈은 많지만, 경험이 일천한 젊은 날에는 방황을 피하기 어렵다. 그렇게 생각과 고민이 길어질 때 중요한 것은 고민만 하는 게 아니라, 무엇 하나라도 시도하고 도전하는 것이다. 그것이 고뇌의 시간을 대폭 줄일 수 있는 길이다.

방황을 끝내는
실행의 힘

얼마 전 둘째 딸아이가 진로 문제를 놓고 고민했다. 앞으로 뭘 하면서 살아야 할지 모르겠다는 것이었다. 나는 딸아이에게 말했다.

"헤매도 괜찮아. 나 역시 나이 쉰이 된 후에서야 진정 좋아하는 일을 찾았어. 그러니까 네 나이대는 충분히 방황해도 돼. 근데 정신은 방황해도 괜찮지만, 행동은 방황하면 안 된다."

이 말을 좀 더 풀어보면 이런 것이다. 청년기에는 많이 고민하고 많이 시도하는 것이 좋다. 그러면서 자신에게 맞는 일을 찾아나가는 것이다. 젊었을 때 경제적인 어려움을 겪어보는 것도 나쁘지 않다. 다만, 행동을 엉망으로 하는 것은 곤란하니, 최소한의 자기관리는 해야 한다. 공부하든 아르바이트하든 뭔가를 계속 실행하는 것이 중요하다.

실행하지 않으면서 고민만 하는 것은 미래가 없다. 뭐라도 하면서 고민하고 방황해야 한다. 그렇게 해야 실패하더라도 남는 것이 있다.

어려울 때일수록 실행의 힘이 더 중요하다. 삶의 고난은 우유에 빠진 것 같다고 하지 않는가? 몸이 빠져서 죽을 것 같은 순간에도 작은 나뭇가지라도 붙잡고 발버둥을 멈추지 않으면 그 우유가 결국 단단한 치즈가 되어 발판이 되어줄 것이고, 결국 어려움에서 벗어날 수 있는 것이다.

나는 지독하게 앞이 캄캄한 순간에도 삶을 개척하기 위한 발버둥을 멈추지 않았다. 하늘에서 복이 굴러떨어져 운 좋게 고난을 극복한 것이 아니라, 꾸준한 도전과 실행의 결과 점차 살아갈 힘을 얻게 된 것이다. 그 결과 지금은 물질적으로 대단한 성공을 이루지는 못했어도, 정신적인 면에서 어려웠던 시절을 추억으로 돌릴 마음의 여유 정도는 갖게 되었다. 결론적으로 돌이켜보면, 다사다난한 삶의 고비 속에서도 뭔가를 계속 실행한 것이 힘이 되었으니, 그 실행력이 방황을 짧게 만들거나 적어도 방황의 기간을 잘 헤쳐나올 원동력이 되어준 것 같다.

생각만으로
모든 것을 끝내려고 하지 않는다

그러니 마음은 방황해도 좋다는 여유를 가지되, 몸은 부지런하게 움직이는 것이 좋다. 최근 나의 일상을 돌아보면, 여전히 나는 무엇인가를 배우려 노력하고 자기계발에 시간과 돈을 투자하고 있다. 성악 오페라 과정을 다니면서 음악 공부도 했고, 팝아트를 배우면서 그림을 그린다. 건강관리를 위한 운동도 꾸준히 하고 있다. 고민이 많거나 무기력할수록 몸을 움직일 생각을 해야 한다. 신체리듬이 활발해지면 정신도 맑아지기 때문에 더 좋은 아이디어나 지혜도 많이 생겨나는 법이다.

따라서 지금 아무리 방황하고 있을지라도 끊임없이 팔을 놀려 노젓는 일을 멈추지 말아야 한다. 그러면 험난한 파고를 넘어 언젠가 풍족한 과실수가 있는 아름다운 대륙에 안착할 수 있을 것이다.

《논어》〈위령공편(衛靈公篇)〉에는 이런 말이 나온다.

자 왈 오 상 종 일 불 식 종 야 불 침 이 사 무 익 불 여 학 야
子曰, 吾嘗終日不食, 終夜不寢, 以思, 無益, 不如學也

공자께서 말씀하셨다. 온종일 밥도 안 먹고 생각하고, 밤을 새워 생각을 해보았으나 이로움이 없었으니, 누군가를 찾아서 배우는 것만 못했다.

공자는 침식을 거르면서 생각했으나 별로 얻는 것이 없다고 했다. 생각만 한다고 답이 나오는 게 아니다. 현대인들에게는 정보만으로 모든 문제를 해결하고, 생각만으로 모든 걸 끝내려 하는 습성이 있다. 정보가 많은 사회의 구성원들은 더욱 그렇다. 좀 더 나은 답을 찾아서 정보만 최대한 모으려다 보니 결정과 실행은 계속해서 뒤로 미뤄진다.

그 과정에서 삶은 생기를 잃고 지치며, 무기력한 시간은 한없이 길어지게 된다. 공자의 말처럼 혼자 생각만 하는 것에는 한계가 있다. 실제로 행동할 때 난관을 타개할 수 있음을 알아야 한다. 방황하는 것은 괜찮다. 다만 도전과 실행을 멈추지는 말라.

03

몸이 들려주는
이야기를 듣는다

아무리 영웅호걸일지라도 생로병사(生老病死), 생자필멸(生者必滅, 생명이 있는 것은 반드시 죽음)의 자연법칙은 거스를 수 없다. 다음은 노장사상의 개조(開祖), 장자가 우리에게 들려주는 이야기다.

'사람들은 욕심 때문에 천수(天壽)를 다하지 못하는 어리석음을 범한다.

소인배는 자신의 재물 때문에, 선비는 명예욕 때문에, 사대부는 나라를 지키려고, 성인군자는 천하를 구하려다가 목숨을 잃게 된다. 이유는 다르지만 목숨을 다하지 못한다는 점에서는 모두 같다.

한 마을에 장이라는 사람과 곡이라는 사람 두 인물이 각기 양을 치고 있었는데 장은 독서하는 도중에 양을 잃어버렸고, 곡은 친구들과 투전(鬪牋)을 즐기다가 양을 잃어버렸다. 한 사람은 책을 읽고, 한 사람은 도박했지만 양을 잃어버렸다는 결과는 똑같다.

어떻게 어떤 경위를 통해서 살아가든 산 사람은 죽게 마련이니, 천명은 피할 수 없는 것이니, 우리는 자연의 순리를 깨쳐서 거기에 걸맞게 살아가야 한다.'

장자의 호방한 호연지기(浩然之氣)를 느낄 수 있게 해주는 이야기다. 나이가 들수록 이렇게 욕심에 따라 안달복달하거나 무리하지 않고, 이러한 무위자연(無爲自然)의 도를 따라 사는 것이 얼마나 중요한가를 알게 된다. 장자의 말처럼 우리가 한 생을 살면서, 좋은 뜻을 실천하면서 살아가는 사람이든 그렇지 못한 사람이든, 자연의 섭리에 맞춰 살아가야 자신에게 주어진 천명과 본분을 다하고 천수를 누릴 수 있다.

내 얼굴이
나의 인생을 보여준다

모임을 자주 참여하다 보니, 사람들의 인상을 곧잘 살피게 된다. 어떤 사람은 인상이 편안하고 좋은 반면, 어떤 사람은 인상이 그리 좋지 않다. 그런 다양한 얼굴을 보자면 인상이라는 말이 괜히 있는 게 아니라는 생각이 든다.

나는 인상이 곧 관상이 된다고 생각한다. 내가 어떤 근육을 많이 쓰느냐에 따라서 나의 인상이 만들어지고, 그게 곧 운명적 개념인 관상이 되는 것이다. 마음을 잘 쓰면 관상이 좋아지고 덩달아 앞날도 밝아진다는 말이다. 언젠가 '웃을 일이 많아서 웃는 게 아니라, 웃으니까 웃을 일이 많이 생기는 것 같다'라는 글을 적기도 했다.

그런 맥락에서 아침에 거울을 볼 때 자기 얼굴을 유심히 보고, 얼굴이 들려주는 이야기에 귀를 기울일 필요가 있다. 안 좋은 근육이 발달해서 얼굴이 찡그려져 있거나 어두워져 있거나 화난 표정이 되고 있다면 인상이 나빠지는 것이니, 내 운명도 혼탁해질 수 있다. 그런 느낌이 든다면 웃는 연습을 하고, 인상을 바꿔나갈 필요가 있다. 편안하고 여유 있는 인상, 밝은 인상을 가진다면 점점 자신의 인생에서 웃을 일도 많아지고 밝은 기운이 찾아올 것이다.

마흔 살이 되면 자기 얼굴에 책임을 지라는 말처럼, 꼭 마흔이 아니더라도 나이가 들어갈수록 자기 얼굴에 드러나는 인상도 잘 관리해야 한다. 그 인상이 자신이 살아온 여정을 말해주고 앞으로의 운명도 바꾸기 때문이다. 거듭 말하지만, 거울에 비친 내 얼굴이 말하는 소리를 잘 들어야 한다.

머리와 몸의 균형을 찾는다

나는 30대, 40대 시절 몸을 함부로 다뤘다. 그리고 몸이 나에게 하

189

는 소리를 아무렇지도 않게 흘려들었다. 사실상 거의 외면했다. 조금 아프고 피곤한 정도는 신경도 쓰지 않았다. 개가 짖어도 열차는 달린다는 말처럼 '너는 떠들어라, 나는 그래도 일한다' 하는 식이었다.

하지만 나이 50대가 되고 나니 예전처럼 그렇게 무시할 수 없다. 돌이켜보면, 그전에도 몸이 안 좋은 날은 신경도 날카로워지고 생각도 부정적이었던 것 같다. 그런 날은 일이 원활하게 잘 풀릴 리 만무했다.

몸이 얼마나 소중한지에 대해서 잘 생각하고, 몸의 소리를 잘 들어야 한다. 우리 인간은 혈기방장(血氣方壯)할 때 마음만으로는 세상을 다 바꿀 것 같지만 실상은 얼마나 연약한가? 길어봐야 2미터를 넘기 힘든 작은 체구에 얽매여 있는 존재다. 손가락 하나만 다쳐도 머리조차 감기 어렵고, 눈이 하나만 안 보여도 초점이 안 맞아 사물을 제대로 보기 힘들며, 입이 아프면 제대로 먹지를 못하고, 귀가 안 좋으면 소통하는 데 불편하기 짝이 없다. 우리가 아무렇지 않게 몸을 막 쓰고 있지만, 소중하지 않은 곳이 하나도 없는 것이다.

50세가 되고부터 몸의 소리를 진지하게 듣기 시작했다. 아침에 일어나면 가만히 누워서 팔다리, 손발을 다 움직여본다. 그리고 피곤한지 그렇지 않은지 체크를 한다. 직장에 나가서도 컨디션이 안 좋으면 짬을 내서 낮잠을 자거나 비타민 주사를 맞거나 약을 먹는다. 퇴근하고 저녁에 집에 와서 몸이 조금 피곤하다 싶으면, 반신욕을 한다. 반신욕을 하고 나면 피로가 점차 풀리는 게 느껴지기 때문이다. 그렇게 해도 몸이 무겁고 심신이 극도로 지쳐 있다고 여겨지면 일정을 조정해서 아예 온종일 잠을 자기도 한다.

요즘은 스마트 시대이기 때문에 특별한 외부 일정이 없다면, 내가 없다고 해도 일이 기본적으로는 돌아간다. 물론 그 전에 자생적인 시스템을 잘 갖춰둬야 하는 것은 필수다.

젖은 솜처럼 몸과 마음이 무거울 때 일상의 묵은 때를 털어내듯, 잠깐 짬을 내서 가까운 곳에라도 완전히 이완된 상태로 하루 이틀 여행을 다녀오고 나면, 머리도 맑아지고 새로운 아이디어가 떠오르면서 꽉 막혔던 일도 어느덧 풀려간다.

나이 들수록 몸이 들려주는 이야기를 잘 들어야 한다. 정신 쓰는 일과 몸 쓰는 일 사이에서 균형이 잘 맞을 때, 내 삶도 안정을 찾고 위태로워지지 않을 수 있다.

《논어》〈계씨편(季氏篇)〉에는 이런 말이 나온다.

공자왈 소지시 혈기미정 계지재색
孔子曰, 少之時, 血氣未定, 戒之在色,

급기장야 혈기방강 계지재투
及其壯也, 血氣方剛, 戒之在鬪,

급기로야 혈기기쇠 계지재득
及其老也, 血氣旣衰, 戒之在得

공자께서 말씀하셨다. 어렸을 적에는 혈기가 불안정하니 색욕에 빠지는 것을 경계하고, 장년에는 혈기가 왕성하니 다툼에 빠지는 것을 경계하고, 노년에는 혈기가 물러나니 탐욕에 빠지는 것을 경계해야 한다.

이 말처럼 우리 인간은 연령대별로 혈기도 달라지고, 호르몬도 달라지고, 몸의 활동 방식도 달라진다. 그에 따라 자신을 관리하는 것이 인생을 잘 관리하는 기술이기도 하다. 노소(老少)를 불문하고 평소에 자기 몸이 내는 목소리를 잘 듣자. 그러면 큰 실수 없이 건강한 인생을 영위할 수 있을 것이다.

04

다양한 감정을 연주하는
인생 예술가가 된다

강의할 때 제자들에게 "긍정적인 생각을 하고, 긍정적인 말을 하고, 긍정적인 삶을 살라"라고 말하니, 한 학생이 "그렇다면 우리가 삶에서 희로애락(喜怒哀樂) 중 기쁨과 즐거움만 취해야 하는 것인가요?"하고 질문했다.

결론부터 말하자면 그렇지 않다. 사람이 복잡다단한 인생을 살아가면서 어떻게 좋은 감정만 가지고 살아갈 수 있겠는가? 부처도 공자도 그렇게 말하지 않았다. 다만 감정을 올바르게 적절하게 발휘하는 것이 필요하다고 옛 성인들은 말했다.

유학에서는 인간에게 일곱 가지 감정이 있다고 했다. 흔히 '칠정(七情)'이라고 하는데, '희노애락애오욕(喜怒哀樂愛惡欲)'을 말한다. 기쁘고, 화내고, 슬퍼하고, 즐거워하고, 사랑하고, 미워하고, 욕망하는 것이다. 사서오경(四書五經) 중 하나인《예기(禮記)》에서는 두려워한다는 의미의 '구(懼)' 자를 넣어서 '희로애구애오욕(喜怒哀懼愛惡欲)'이라고도 한다.

우리는 이 모든 감정을 누려야 한다. 이는 감정들을 적절하게 제대로 쓰지 않기 때문에 문제가 생기는 것이다. 우리가 주목해야 할 점은 그 부분이다.

전투에 임해서는 비장한 마음으로, 상갓집에서는 애도하는 마음으로, 생일 잔치에서는 유쾌한 마음으로 임하듯, 인생의 매 순간 여러 감정을 갖는 것은 자연스러운 일이다. 인생을 살면서 인간답게 다양한 감정을 권리처럼 누리되, 음악 연주를 하듯 적절히 조절하며 발산하는 것이 무엇보다 중요하다.

감정을 알아차리고
풀어낸다

전쟁통에 남편이 죽고 나서 수십 년을 홀로 자식 넷을 키워온 어머니가 있다. 수십 년간 강건하게 아무렇지도 않은 것처럼 보였던 어머니는 자녀들이 모두 출가하고 나자, 어느 날부터 극도로 우울한 증상이 나타나면서 이제는 조금만 감정을 건드려도 눈물을 터뜨린다. 그 어머니가 암흑 같은 우울증의 늪에 빠진 이유는, 평소에 자신의 감정을 온전히 누리지 못했기 때문이다. 허망하게 그녀의 부군 (夫君)이 세상에서 사라지고 나서 들었던, 모든 걸 잃어버린 듯한 절망적이고 슬픈 감정을, 아이들을 키워야 한다는 사명감 때문에 오랫동안 억눌러왔다. 그 견디기 힘든 감정이 어디로 가겠는가? 가슴속에 켜켜이 쌓여 병이 된 것이다.

감정은 가슴속에 쌓아두지 말고, 적절히 현명한 방법으로 잘 풀어내야 한다. 차고지에도 앞차가 빠져야 뒤차가 들어올 수 있는 것처럼 인생을 시원하게 나아가게 하려면 묵은 감정이라는 걸림돌을 제거해야 한다.

이렇게 무거운 돌덩이 같은 감정을 치워낼 때 가장 우선해야 하는 것은 알아차리는 일이다. 내가 어떤 감정을 겪고 있다는 것을 눈으로 선명하게 보듯, 이미지로 그려내듯 알아차리는 것이다. 혼자서 감정을 선명히 보는 훈련이 잘 안되면, 다른 사람들 앞에서 말로 풀어내는 것도 도움 된다.

우리의 가슴속에 찾아드는 모든 감정은 소중하다. 그렇지만 거기에만 빠져 있어서는 곤란하다. 내가 길 한복판에서 어떤 전화를 받고 화가 난 일이 있다고, 거기에만 빠져서 정신 나간 사람처럼 광적으로 날뛰면 되겠는가? 성숙한 사람이니까 자신의 감정을 잘 알아차리고 그걸 실타래 풀어가듯이 잘 풀어내는 게 중요하다.

인품을 갖춘 사람은 자신의 감정을 알아차리고, 그것을 어떤 방식으로든 풀어낸다. 운동으로, 여행으로, 음악으로, 그림으로, 수다로 풀어내기도 한다. 훌륭한 예술가들은 그 감정을 예술 작품으로 풀어내 후세에 길이 남을 명작을 남기기도 한다.

감정의 노예가 아닌, 감정의 예술가가 된다

나의 감정을 읽는 것도, 다른 사람의 감정을 읽는 것도 중요하다. 감정에 문제가 생긴 사람에게 논리적으로 맞는 말, 합리적인 답이랍시고 설명해봐야 의미 없다. 한 번 방향이 어긋난 화살로 과녁을 절대 맞힐 수 없다. 그때는 감정을 푸는 방향으로 다시 화살을 쏘아 날려야 한다.

남의 감정을 읽는 것이 눈치를 살펴서 아부하라는 게 아니다. 나보다 높은 사람이든 나보다 낮은 사람이든, 상대방의 감정을 헤아려 적절한 말을 건네는 건 상대방을 존중하고 배려하는 것이니, 사람이 갖춰야 할 기본적인 태도다.

이렇게 감정을 알아차리고 지혜롭게 풀어간다면, 감정은 우리의 삶을 풍요롭게 만드는 하나의 음악이 될 수 있다. 감정이 없는 사람들 간의 관계란 인류가 종말하고 인공지능, 기계만 남은 디스토피아 (dystopia, 이상향의 반대 세계)처럼 얼마나 삭막하겠는가? 감정의 노예가 되어 일희일비하며 힘들어하지 말고, 감정의 연주자가 되어 예술가처럼 풍성한 감정을 주고받으며 살아가는 지혜를 가져야 한다.

《논어》〈술이편〉에는 이런 말이 나온다.

子在齊聞韶, 三月不知肉味
자 재 제 문 소   삼 월 부 지 육 미

공자께서 제나라에 계실 적에 소(韶)라는 음악을 들으시고, 석 달 동
안 고기 맛을 알지 못했다.

남녀노소는 물론 군자와 소인을 막론하고 음악이 사람에게 주는
영향은 지대하다. 우리의 보편적인 감성과 감정을 건드리기 때문이
다. 공자가 그러했던 것처럼 우리는 특별한 감정에 빠지면 음식 맛
을 잃을 정도로 심취하기도 하는 등 하루도 감정이 없는 채로 살지
못한다. 앞서 말한 것처럼 인간은 로봇이 아니기 때문이다.

감정을 잘 다스리는 것이 중요하다. 자칫 나쁜 감정에 빠지면 지
독한 고통 속에서 방황할 수 있으므로 자신이 어떤 감정에 빠지더라
도 그것을 곧 알아차릴 자각 능력을 갖추고 있어야 한다. 감정을 격
동시키는 어떠한 일이 발생하더라도 한 발짝 물러서서 자신의 감정
을 살필 수 있는 메타인지(meta認知)의 힘을 키워야 한다.

그리고 자신의 감정뿐만 아니라 인간관계에서도 논리를 내세우기
에 앞서 상대의 감정을 먼저 잘 읽을 수 있다면, 삶에서 일어나는 다
채로운 감정을 아름다운 음악처럼 연주할 멋진 인생 예술가가 될 수
있을 것이다.

05

오늘을 잘 사는
사람이 된다

'우울한 사람은 과거에 살고, 불안한 사람은 미래에 살고, 평안한 사람은 현재에 산다.'

이는 노자의 《도덕경》에 나오는 말이다.

내가 지금 불안하다면, 미래를 생각하는 시간이 용량 초과가 되었다는 말과 같다. 마찬가지로 내가 지금 우울하다면 과거를 후회하는 시간이 한도 초과가 된 것이다. 그럴 때 지금 당장 해야 할 일 하나하나에 더욱 집중하면, 과거에 대한 자책과 미래에 대한 두려움에서 벗어날 수 있다.

공자는 "오늘 아침에 도를 들으면 저녁에 죽어도 좋다"라고 했다. 그래도 좋다고 말할 수 있는 것은 공자가 평생 자신의 한을 모두 풀었기 때문이다. 소위 여한(餘恨)이 없다는 말이다. 우리 인생도 이래야 한다. 내일 당장 미련 없이 세상을 떠날 수 있을 만큼 여한 없이 살려면 노자처럼 지금에 충실하며 오늘을 잘 살아야 한다.

언제 떠나도
잘 살았다고 말할 수 있는 인생을 산다

새벽에 일찍 잠이 깨서 커피를 한 잔을 마시고 있는데, 친구 L에게서 전화가 왔다. 충격적인 일을 겪었는데 흥분이 되어서 연락했다는 거다. 시계를 보니 새벽 5시 40분이었다. 지난주에 함께 골프를 쳤던 사람 이야기였다.

그는 서울에 건물도 몇 채 있는 30대 후반의 젊은 부자였는데, 갑자기 사망했다. CCTV에는 가슴을 움켜쥐고 괴로워하더니 얼마 지나지 않아 저세상 사람이 되어가는 그의 모습이 고스란히 녹화되어 있었다. 그 남자가 쓰러졌을 때 주위에 있던 사람들은 술에 취해서 자겠거니 했고, 더 불행하게도 연락한 곳이 119가 아닌 집이었다. 그러다 보니 응급치료를 제때 하지 못했고, 병원에 도착했을 때는 골든타임이 날아간 뒤였다.

L은 사람의 생사가 그렇게 쉽게 갈리는 것이 놀랍다고 했다. 우리가 뭘 위해서 사는 것인지, 내일 당장 어떻게 될지 모르는 허망한 인생을 살고 있음을 새삼 느낀 것이다. 강남에 몇십억, 몇백억 재산이

있어도 죽으면 그게 다 무슨 소용이란 말인가? 자식, 좋아하는 사람, 증오하는 사람에 연연하고, 자기 직위와 재산에 목매봤자 곧 손안에 쥔 바닷물처럼 사라지고 말 일이다.

설사 당장 죽음에 이르지 않는다고 해도 마찬가지다. 갑자기 쓰러지거나 중병에 걸려서 병원에서 환자복 입고 여생을 보낸다면, 아등바등하면서 일군 모든 게 다 수포가 되는 거나 마찬가지다.

통화 말미에 L은 이제부터 하루하루 즐기면서 열심히 살아야겠다고 하기에 격려와 응원을 해주었다. 좋은 분위기에서 전화를 끊었지만, 사건이 사건인지라 잠이 확 달아날 만큼 마음이 씁쓸했다. 질문 하나가 머릿속에서 자꾸만 맴돌았다.

'내일 죽어도 여한이 없는가?'

당장 죽음이 코앞에 닥쳤을 때 부동산 더 못 산 걸 아쉬워하고 있을 것인가? 하고 싶었던 일을 못 했다고 아쉬워하면서 한을 품은 채 후회로 얼룩진 생을 마감할 것인가? 그것은 어리석은 일이니, 나는 내일 당장 죽는다고 해도 오늘까지 좋은 사람들과 함께 이번 생 정말 잘 살았다고 말하고 싶다.

그렇게 언제든 흔쾌히 내 삶에 마침표를 찍을 준비가 되어 있어야 한다. 그렇게 살려면 현재를 더욱 중시해야 한다. 노자의 말처럼 현재를 살아야 평안한 삶을 살 수 있다. 사실, 우리는 오직 현재를 살 수 있을 뿐이다. 현재, 오늘 하루를 잘 살아야 한다는 것은 아무리 강조해도 지나치지 않다.

내 인생 최고의 청춘은
오늘이다

나 역시 죽음의 문턱 앞까지 당도했다가 살아난 기억이 있다. 1994년 10월, 가을 날씨가 청명했던 잊지 못할 그날, 회사에 출근하던 중이었다. 당시 회사가 서울 강남구 차병원 사거리에 있었는데, 사촌 오빠와 직장 방향이 같아서 카풀로 매일 함께 출근했다.

집 앞에서 사촌 오빠의 차를 함께 타고 가던 중, 그 전날 먹은 회가 잘못되었는지 조금씩 배가 아프기 시작했다. 도저히 견딜 수 없는 지경이 되어서 아무 건물에나 들어가야겠다고 차를 잠깐 세워달라고 했다.

화장실에 다녀와서 차를 타니 몇 분 정도 지체가 되었다. 사촌 오빠는 왜 이렇게 늦게 왔냐면서 너 때문에 지각하게 되었다고 투덜댔다. 자신도 마음이 조급하다 보니 차를 타고 가는 내내 짜증을 냈다.

성수대교 진입 직전, 우리 차 앞으로 차가 몇 대 있었다. 그런데 그날따라 성수대교가 이상하리만큼 꽉 막혔다. 고개를 들어서 빼꼼히 앞을 넘겨보는데, 차들이 어지럽게 엉킨 채 전혀 앞으로 나아가지 못하고 있었다. 그 순간 당시 삐삐라고 부르던 무선호출기가 미친 듯이 울려대기 시작했다. 차 안이라 전화할 수 있는 상황도 아닌데, 삐삐 표시창에 번호 '8282'가 계속 찍혔다. 집에서 연거푸 보낸 것이다.

갑자기 헬기가 날아다니고 경찰들이 통제하기 시작했다. 그제야 그토록 육중했던 성수대교가 거짓말처럼 무너졌음을 알아차렸다. 사촌 오빠는 떨리는 목소리로 "평소대로였다면 우리는 다리 중간쯤 있었을 거야"라고 말했다. 나는 온몸에 소름이 돋았다. 사촌 오빠는 그 뒤로 며칠 동안 네 덕분에 살았다며 고마워했다. 물론 그건 내 덕분이 아니다. 운명의 여신이 아직 사촌 오빠와 나를 저세상으로 데려가지 않았을 뿐이다.

비단 사고가 아니더라도, 사람들은 자신이 하루하루 죽음을 향해 가고 있음을 망각한 채 산다. 어쩌면 사람의 영리한 두뇌에 방어기제가 작동하여 그것을 애써 외면하는 것이리라. 하지만 고개 돌린다고 해서 그 엄연한 사실이 없어지는 건 아니다.

그렇기에 우리는 때때로 정반대의 시각으로 삶을 들여다볼 필요가 있다. 열심히 건널목을 뛰어보지만, 그것조차 죽음의 순간을 향해 열심히 나아가고 있는 거고, 운이 나쁘면 그 순간은 당장 마지막이 될지 모른다. 죽음은 늘 우리 곁에 있는 것이기에 오늘 하루를 더욱 충실하게 살아야 한다.

《논어》〈술이편〉에는 이런 말이 나온다.

子不語怪力亂神
자 불 어 괴 력 난 신

공자께서는 괴이한 것, 힘으로 위세를 부리는 것, 혼란스럽게 하는 것, 귀신과 관련된 것을 말씀하시지 않았다.

공자의 철학은 철저히 '현재적'이다. 코칭이 철저히 현재에 집중하여 문제를 해결하는 것처럼 내세를 기약하며 기적과 신비로움에 심취해보는 것도 좋지만, 보편적으로는 지금 여기에서 현재를 충실하고 바르게 사는 사람이 다음 세계에서도 행복할 수 있을 거라고 나는 믿는다.

남은 날들 중 오늘이 가장 젊은 날이다. 그러므로 오늘 하루를 내 인생 최고의 청춘처럼 즐기면서 살아야 한다. 당장 죽더라도 미련 없이 시원하게 마침표를 찍을 수 있도록 말이다.

06

긍정의
힘으로 산다

공자를 평가하는 흥미로운 말 중 하나는 '한계를 알면서도 도전하는 사람'이라는 것이다. 실제로 그의 삶이 그랬다. 춘추전국 시대는 나라와 나라가 쪼개져서 끊임없이 싸울 뿐만 아니라, 한 나라 안에서도 사대부가 제후를 죽이고 사대부 집안의 가신이 사대부를 죽이는 일이 빈번한 혼돈과 살육이 난무하는 시기였다. 그 혼란스러운 전쟁통의 와중에 인과 예를 바탕으로 하는 그의 정치사상은 당연히 받아들여지기 어려운 면이 있었다. 그럼에도 불구하고 그는 도전을 멈추지 않았다.

모두가 안 된다고 하더라도 실낱같은 희망 하나만 있어도, 자신의 신념에 따라 끝까지 살아보는 사람! 그런 면에서 공자는 성인군자라고 칭송받기 이전에 인간적인 매력이 있는 인물이었다. 나는 공자의 그런 긍정적이면서 도전적인 삶의 방식을 좋아하기에 본받고자 노력한다.

어떤 일을 시작할 때 나는 그 일의 단점보다 장점을 위주로 본다. 부정적인 면만 보기 시작하면 끝이 없다. 무섭다고 피해 가기 시작하면 아무것도 할 수 없다. 도깨비를 만났을 때 그것을 아래로 내려다보라는 이야기가 있다. 도깨비를 위로 쳐다보면 천장을 뚫을 듯 한없이 커지고, 아래로 내려다보면 어린아이처럼 조그맣게 된다는 우화가 있다.

우리가 마주한 두려움의 대상도 그런 것이다. 너무 높이 보면 그것은 더 감당할 수 없을 정도로 커질 것이다. 이겨내려 하고 방법을 찾아보면 또 대단치 않은 것으로 바뀔 수 있다.

나는 겁이 없는 사람도 아니고 실수가 남보다 적은 사람도 아니다. 누구 못지않게 많은 좌절과 시행착오를 겪으면서 여기까지 왔다. 하지만 그럴수록 다시 도전하는 게 중요하다는 것도 깨우치게 되었으니, 상처를 깨끗이 잊고 다시 도전하는 용기를 가지고자 노력했다. 그런 긍정적인 믿음과 추진력이 없었다면, 지금의 나는 없었을 것이다.

살아야 할 이유를
기록하면 살 수 있다

내가 Y대학교 언론홍보대학원을 다니면서, 가장 좋았던 점은 뭐였을까? 돌이켜보면 캠퍼스를 걸어가는, 그 발걸음 하나하나였던 것 같다. 남들이 볼 때는 별거 아닌 그 모든 순간이 눈부시게 빛났고 감사했다. 나는 야간 고등학교에 다녔고, 대학 역시 야간 대학에 다녔다. 회사 다니면서 딸을 키워야 했기 때문이다.

낮에 학교를 간 것은 20여 년 전 10대 시절의 추억 속에만 잠깐 남아 있는 일이었다. 그러다 보니 한낮의 대학 캠퍼스가 아름답다는 것을 그때 처음 알았다. 대학생들이 삼삼오오 앉아서 수다를 떨고 있었고, 넓게 펼쳐진 잔디밭 사이로 군데군데 실개천처럼 냇물이 흐르고, 연못에는 소금쟁이가 앉아 있었다. 드문드문 자리 잡은 화단에는 꽃이 만발했다. 누군가가 대학교는 천국에 가장 가까운 곳이라고 말했다는 이야기가 절로 생각났다.

당시에도 일하면서 학업을 병행해야 했기에 피곤하지 않은 것은 아니었다. 다른 학생들은 부모님이 등록금을 내주지만, 나는 내가 돈을 벌어서 다녀야 했다. 열심히 연구소를 운영하고 있었고, 리포트를 쓰면서 기업체나 관공서에 출강해야 하는, 일인다역(一人多役)을 하던 때였다. 그래도 학교 가는 날이 가장 행복했다.

평일 낮 수업이 일주일에 두 번 있었는데, 나는 수업이 끝나고 나면 나무에 기대어 반쯤 누워도 보고, 연못가에 앉아 물고기가 헤엄치는 모습도 보았다. 때로는 가만히 벤치에 기대어 햇살을 받으며 상념에 잠기기도 했다.

'살다 보니 낮에 학교 다니는 일이 생기는구나. 마흔이 넘어서 이런 날도 오네!'

'꿈꾸는 게 있으면 글로 적고 이미지화하라'는 말을 많이 한다. '말하는 대로 된다'는 말처럼 긍정적인 글과 긍정적인 이미지에는 삶을 밝은 곳으로 이끄는 강력한 에너지가 있다. 어쩌면 나 역시 늦었지만, 그러한 날을 맞이할 수 있었던 것은 그 옛날 노트에 적은 긍정적인 삶의 이유 때문일 것이다.

이혼하고 극단적인 생각이 오가던 시기, 어느 날 방에 들어와서 '내가 왜 죽어야 하는가'를 적기 시작했다.

〈올드보이〉라는 영화를 보면, 오대수가 감옥에 갇힌 채 노트에 자신이 지금까지 살아오면서 잘못했던 일을 하나둘 적어 나가는데 마지막 노트를 닫으면서 하는 말이 "생각보다 너무 많았다"였다.

우리가 노트에 무엇인가를 쓰다 보면 생각만 하는 것보다 너무 분명하게 다가와서 놀랄 때가 많다. 그래서 노트에 적는 일이 매우 중요하다. 나 역시 같은 경험을 했다. 살아가지 말아야 할 이유들을 노트에 하나씩 쓰기 시작했는데, 너무 많았다.

태생부터가 그랬다. 엄마, 일, 학교, 아이들, 남편, 돈……. 살지 말아야 하는 이유가 너무 많았다. 철학자 쇼펜하우어의 비관적인 울부

짖음처럼 인생 자체가 살아가지 말아야 할 일투성이였다. 그냥 무조건 죽어야겠다는 생각만 들었다. 하지만 그 감정이 너무 고통스러웠기에 얼마 뒤 나에게 반대의 질문을 하고, 반대되는 내용을 적어 나아가기 시작했다. 내가 살아가야 할 이유를 찾기 시작한 것이다.

'아직 젊다, 미스코리아 어머니를 만나서 괜찮은 얼굴을 갖고 있다. 예쁜 딸이 있다. 선한 마음가짐이 있다. 아픈 데 없이 건강하다……'

그렇게 하나씩 살아야 할 이유를 적으니, 조금씩 힘이 솟아오르는 게 느껴졌다. 참으로 놀라운 일이었다. 단지 노트에 새로운 질문을 하고 답을 적기만 했는데, 그전에는 생의 의지가 완전히 꺾이더니 이번에는 엄청난 에너지가 솟아오른다는 게 경이로웠다. 그때부터 나는 나 자신에게 부정적인 질문을 완전히 지우기로 마음먹었다. 긍정의 강력한 힘을 몸소 체험했기 때문이다.

긍정의 힘이
만드는 기적

난관에 봉착했을 때 긍정의 힘은 더욱 빛을 발한다. 공자가 열국을 주유할 때, 가장 괴로웠던 시기 중 하나는 초나라로 향하던 중 진나라와 채나라 사이에서 오가지 못한 채 붙잡혀 있었을 때다. 이때 공자의 일행이 겪었던 고난을 '진채지액(陳蔡之厄)'이라고 하여 따로 사자성어가 있을 정도다. 공자가 초나라로 가게 되면 초나라 왕이 나라를 잘 다스리고 더 강성해져서 자신들에게 위협을 주는 일이 생길까 봐 우려했기 때문이다.

붙잡혀 있는 그 일주일간 제대로 먹지를 못하고 일행 중 병자가 발생하는 지경까지 이르니, 그 고초가 이루 말할 수 없을 정도였다. 그런데 공자는 여느 때와 다름없이 평온하게 강의하고, 심지어 악기를 연주하기도 했다. 제자 중 가장 강성이었던 자로가 보다못해 불만을 토로했다.

"군자도 곤경에 빠질 수가 있습니까?"

"그렇다. 군자도 곤경에 빠진다. 하지만 소인배와 달리 여일(如一) 함을 유지하며, 함부로 행동하지 않는다."

공자는 변함없이 차분하고 지혜롭게 대처했고, 제자 자공을 초나라로 보내 위험에서 벗어날 수 있었다.

살다 보면 누구나 곤경을 겪는다. 인품이 좋은 사람이라고 해서 고난을 피해 갈 수는 없다. 다만, 그때도 여일한 자세를 유지하는 것이 군자의 태도라고 할 수 있다. 이러한 시기일수록 긍정적인 면을 찾아내고 되새기려는 노력이 일상의 여일함을 유지할 수 있게 하고 곤경을 극복하는 힘이 된다.

나는 '그럼에도 불구하고'라는 말을 참 좋아한다. 내 인생 자체가 그럼에도 불구하고 살아온 인생이고 그렇게 버텨왔기 때문이다. 사람들이 "어떻게 그렇게 하셨어요?"라고 묻기도 하는데, 어떻게 보면

답은 간단하다. 그렇게 하지 않으면 살 수 없기 때문이다. 긍정적으로 마음을 바꾸지 않으면 도저히 살아남을 수 없기에 그렇게 했고, 그것이 내 삶에 작은 기적을 일으킨 것이다.

아무리 어려운 상황일지라도 긍정적인 면을 바라보면서 버텨낸다면, 언젠가 그 힘으로 빛나는 순간을 맞이할 것이다.

07

행복은
가까운 곳에서부터 찾는다

'등고자비(登高自卑)'라는 말이 있다. 높은 곳에 올라가기 위해서는 낮은 곳에서부터 출발해야 한다는 말이다. 우리는 자신의 높은 꿈이 마치 지금 자기 모습인 양 착각하는 경향이 있다. 그래서 일상이 현실과의 괴리 때문에 힘들어지는 것이다. 행복도 마찬가지다. 내 것이 아닌 남의 것만 찾으니 늘 불행한 날들이 이어지는 거다. 행복을 가까운 곳에서 찾을 생각을 하면 일상이 훨씬 더 살 만해질 것이다.

맹자는 말했다.

"도라고 하는 것은 지척에 있는데 사람들은 그것을 먼 곳에서만 찾으려고 한다. 자신이 해야 할 일이 쉬운 것에 있는데 사람들은 어려운 것만 찾는다. 사람들이 모두 자기 부모에게 친절히 하고, 윗사람들을 대접한다면, 저절로 평천하(平天下)가 이루어질 것이다."

도를 일상의 가까운 곳에서부터 찾아야 하듯 행복도 마찬가지다. 맹자가 말했듯 평천하도, 일생의 행복도 내 주변에서부터 찾아야 구할 수 있다.

사랑의 마음은
사라지지 않는다

언젠가 싱글맘을 코칭하면서 너무 가슴 아픈 사연에 왈칵 눈시울을 붉힌 적이 있다. 그녀가 돌아가고, 혼자 사무실에 앉아 코치답지 못했다고 가벼운 자책을 하면서 눈물을 재차 닦아내는 순간 2002년의 그날이 주마등처럼 떠올랐다.

더 나은 조건을 찾아 33세에 금융 회사로 이직하면서 정신없이 바빠졌다. 그런데 곧 딸이 초등학교에 입학하는 날이 다가왔다. 회사에 들어간 지 얼마 안 되어서 밥 먹듯 회의해야 하고, 밖에서 영업해야 하니 할 일이 태산 같았다. 도저히 아이를 하교시킬 틈을 낼 수 없었다.

그래서 나는 딸의 손을 잡고 저녁마다 학교와 집을 오가는 일을 반복했다. 딸아이가 왜 그러느냐고 물었다. 학교가 끝나고 나면 아이들이 집을 못 찾아서, 엄마들이 애들을 데리고 집에 가는데 하연이는 갈 수 있는지 보는 것이라고 했다.

사실 학교에서 집까지 물리적 거리는 매우 가까웠다. 하지만 다른 집 엄마들이 기다리고 있는데, 자기만 혼자서 집에 가려고 할 때 생길 그 마음의 거리가 걱정스러웠던 거다. 딸이 자신만 소외되고 불쌍하다는 느낌을 받을까 봐 두려웠던 거다. 나는 딸아이에게 물었다.

"다른 애들은 집을 못 찾아서 엄마들이 기다리고 있지만, 하연이는 똑똑하니까 혼자서 집을 잘 찾아갈 수 있지?"

딸아이는 기특하게도 당연하다면서 혼자 갈 수 있다고 당당히 말했다.

첫 등교를 한 날 오후에 딸아이에게서 전화가 왔다.

"엄마, 엄마 말대로 엄마들이 많이 나와서 기다리더라. 나 그거 비집고 나오느라 힘들었어."

그 말을 들으니 울컥 눈물이 날 것 같았다. 어차피 상황은 변하지 않으니, 아이에게 외롭다거나 혼자라는 느낌을 주고 싶지 않았다. 그래서 딸아이에게 대단하다고 칭찬해줬다.

"엄마는 하연이 덕분에 마음 편하게 열심히 일할 수 있을 것 같아!"

한편으로는 대견하면서도 한편으로는 안도감이 들었다. 그날 이후 별 탈이 없었던 것처럼 딸과 나의 시간은 흘러갔다. 하지만 지나고 보니 마냥 무탈했던 것만은 아니다. 그날의 기억은 나도 모르게 오랫동안 가슴속에 묻혀 있었던 것이다.

어느 드라마의 한 장면처럼 동전을 던져서 과거로 돌아갈 수 있다면, 나는 딸이 초등학교에 입학하던 2002년으로 돌아가고 싶다. 돌아가서 다른 아이들처럼 딸의 손을 꼭 잡고 함께 집으로 돌아오며 도란도란 이야기를 나누고 싶다. 그 나이 때만 함께할 수 있는 추억과 사랑을 나누고 싶은 것이다.

가장 사랑하는 것에 투자한다

매일 아침 딸의 잠든 모습만 보고 회사 다니며 살아야 했던 세월에 대해 안타까움이 있다. 나는 그렇게 최연소 팀장, 최연소 지점장으로 승승장구하고 회사를 차려서 성공했지만, 그 또한 어느 날 한순간에 물거품처럼 사라지고 말았다. 다시 그 시절로 돌아간다면, 딸과의 추억과 사회적인 성공을 바꾸고 싶지 않은 것이다.

아이들을 안 보고 모은 돈으로 회사를 설립했지만 불과 3년 만에 모두 수포가 되고 말았다. 인생은 욕심대로 되지 않는다는 것을 알기에 만일 그때로 되돌아간다면, 그렇게 회사에서 돈을 못 벌어도 아이들 옆에 있어주고 싶다.

혹자는 사업을 접고 거의 전 재산을 잃어버린 나를 이렇게 위로했다.

"전 대표님 혼자 살아남았어요."

내가 무슨 말이냐고 묻자 이렇게 답했다.

"같이 금융 회사를 하면서 돈을 번 남자들, 전부 포커 치고, 술집

다니고, 유흥업소 다니면서 오히려 빚이 더 늘었잖아요. 그런데 전 대표님은 비록 남은 돈은 얼마 없지만 그렇게 번 돈으로 아이들 유학 보내 공부를 시켰죠. 그러니까 콘크리트 빌딩은 없어도, 자식 빌딩은 지은 거죠."

그 위로를 듣고 나니 태국으로 갔던 신혼여행이 생각났다. 나는 태국에서 원주민들의 공연을 보면서 눈물을 흘렸다. '이렇게 세상이 넓고 볼거리도 많은데, 나는 그토록 좁은 곳에서 힘들게 나 자신을 죽이면서 갇혀 살았구나' 하는 생각이 들었기 때문이다. 그래서 후일 자식을 낳으면 우물 안 개구리처럼 키우지 않겠노라 다짐했었다.

한국의 교육시스템이 강요하듯이 학원에 나가서 저녁 11시까지 공부하고 집에 들어오는 다람쥐 쳇바퀴 같은 생활이 의미 없다고 여겼다. 그래서 놀더라도 외국에서 영어로 말하면서 놀고, 더 큰 세계를 보면서 시야를 넓히라고 유학을 보냈다. 그래서 지금도 딸아이들은 서구식 사고방식을 갖고 있다. 서구식 사고방식이 다 좋은 것은 아니지만 개방적이고 진보적이라는 장점이 있다. 심지어 나에게 "아빠도 둘이고 엄마도 둘이면 좋잖아" 하고 말하는 아이들이다. 사고방식은 부모가 가르쳐서 주입식으로 만들기란 어렵다. 스스로 겪고 체험하면서 형성되는 것이다. 그런 점에서 '자식 빌딩을 지었다'는 말은 나에게 적절한 위로의 말이 되어주었다.

사족을 붙이자면, 그럼에도 나는 왜 2002년으로 돌아가 운명을 바꾸고 싶은 것일까? 물론, 그렇게 악착같이 사회생활을 했기에 두 딸을 유학 보내고 더 넓은 세계를 보여준 것도 사실이기에, 나의 회한은 프로스트의 시 '가지 않은 길'처럼 내가 가지 못한 길에 대한 동경이지 싶다.

하지만 간혹 딸들의 맑은 눈을 보고 있으면 자꾸만 2002년의 봄이 지워지지도 않고, 계속해서 떠오르는 이유는 지금까지 나를 살아 있게 만든 원동력인 딸아이들에 대한 진한 애정, 천륜(天倫)으로 맺어진 부모의 마음일 것이다. 그래도 이제는 모두 성인이 된 딸아이들이 이런 나의 마음을 조금은 알아주는 것 같아 감사할 따름이다.

《논어》〈위정편〉에는 이런 말이 나온다.

맹 무 백 문 효　자 왈　부 모 유 기 질 지 우
孟武伯問孝, 子曰, 父母唯其疾之憂

맹무백이 효에 대해 공자께 물었다. 공자께서 말씀하시기를, 부모는 오직 그 자식이 아플까, 걱정할 뿐이다.

이는 결국 건강한 것이 최고의 효도라는 말이다. '효'는 부모가 자식에게 받는 것인데, 그럼에도 불구하고 부모의 마음은 다시 그 자식에게로 향한다. 자식이 아프지 않고 건강하게 지내는 것이 효의 첫 번째 조건이라는 건데, 이것은 역설적으로 부모의 자식에 대한 애틋한 마음을 잘 나타낸다.

우리는 인생에서 성공하고 훌륭한 사람이 되는 것에만 빠져 정작 중요한 걸 놓치는 경우가 많다. 먼저 내 가족과 주위의 가까운 사람들에게 애정을 베풀고 함께 즐거운 시간을 보내는 것으로부터 내 행복은 굳건한 토대를 세울 수 있다. 나는 행복이 멀리 있지 않다는 것을, 사랑하는 사람에게 시간과 돈을 투자하는 걸 미루지 말아야 한다는 것을, 철없었던 지난 세월을 통해 얻은 값진 교훈으로 삼고 있다.

05

인 생 을 논 하 다

인생은
나를 찾아가는
여행이다

01

멈춰 서서
질문하는 시간을 갖는다

시인 류시화의 저서 중 《하늘 호수로 떠난 여행》이라는 책이 있다. 여기에는 20세기 중엽, 인도로 여행을 떠나고자 하는 사람들의 이야기가 나온다. 이들의 꿈은 영적인 나라 인도로 명상 여행을 가는 것이었다. 하지만 그들은 차일피일 미뤘다. 한 사람은 '아들 대학교육까지만 시켜놓고 가야지', 또 한 사람은 '돈을 벌어서 집을 사면 가야지', 심지어 어떤 사람은 '예쁜 구두를 사면 인도에 가야지'라고 생각하며 세월만 보내고 있었던 것이다. 그러던 어느 날 독일군이 쳐들어왔고, 그들은 모두 가스실에서 죽어가는 신세가 되었다. 죽기 직전 그중 한 사람이 중얼거렸다.

"아, 구두가 없어도 인도에 갈 수 있었는데……."

'기호지세(騎虎之勢)'라는 말이 있다. 호랑이 등에 탄 듯 멈출 수 없다는 뜻이다. 우리는 무엇인가 집착에 빠져 일상을 기호지세인 듯 살아간다. 하지만 우리 일생은 비극적인 기호지세가 아니라, 충분히 선택할 여지가 있다.

그렇기에 우리 삶에는 때로 멈춤이 필요하다. 멈춰서 자신에게 질문을 던지고, 자신이 누구인지를 알고, 자신이 진정으로 원하는 삶의 길이 어떤 것인지 돌아볼 수 있어야 한다. 물론 꼭 과격한 선택을 해야 한다는 것은 아니다. 직장도 그만두고, 일상을 모두 포기하고 벗어나라는 이야기는 아니다. 마음의 멈춤이 중요한 것이니 하루에 30분, 일주일에 반나절 정도라도 전투복을 벗고, 진정한 자신을 찾는 여행을 떠나라는 이야기다.

아무리 열심히 살아도
일어날 일은 일어난다

어느 주말, 친구 둘을 태우고 교외로 여행을 가던 날이었다. 비가 부슬부슬 내리더니 어느덧 소나기는 장대비가 되어 퍼붓기 시작했다. 어깨가 뻐근해지는 느낌이 들고 비 때문에 가려진 시야로 운전에 집중하기 힘들었다. 아랑곳하지 않고 10대 소녀들처럼 신이 난 친구들의 수다와 웃음소리가 환청처럼 들렸다 멈췄다 했다.

스릴러 영화에서 갑자기 화면이 순식간에 전환되는 것처럼, 검게 내리던 빗줄기 속에서 빨간 눈을 번쩍이던 뒤차의 후미등이 갑작스레 시야에서 엄청난 크기의 괴물처럼 다가왔고, 나는 급브레이크를 밟았다. 우당탕 쿵쾅! 트렁크에 실었던 아이스박스가 바닥에 떨어지며 요동치는 소리, 웃음에서 비명으로 바뀐 친구들의 괴성 소리가 천둥처럼 차 안의 공기를 갈라놓았다.

동시에 몸이 세차게 여러 차례 앞뒤로 흔들렸고, 다행히 안전벨트 덕분에 우리의 몸은 몇 번의 여진 끝에 안정을 찾을 수 있었다. 잠시 정적이 흘렀고, 이내 우는 듯한 친구의 목소리가 다시 들렸다. 내가 어렵게 평정심을 찾은 후에 다시금 놀랐던 것은 그러한 절체절명에서 친구들이 자신은 절대 죽을 수 없다면서 한숨처럼 내뱉는 이야기들이었다.

친구 A가 자신이 지금 죽으면 안 된다고 하기에 그 이유가 뭔지 물었더니 세계 일주를 아직 못 다녀왔기 때문이란다. 또 다른 친구 B는 아직 아파트 대출금을 못 갚았기 때문에 당장은 세상을 떠날 수 없단다. 그런 이야기들을 들으면서 나는 실소를 금치 못했다.

아파트에서 살지 못하면 빌라에서 살면 되고, 강남에서 못 살면 강북에서, 서울에서 못 살면 지방에서 살면 되는 거다. 그런데 왜 사람들은 자신이 욕망하는 것들에만 빠져서 살아가는가? 심지어 죽음을 코앞에 둔 그 순간에서도 말이다.

나는 다시 길을 달리면서 이번에는 잘 넘겼지만, 과거에는 피할 수 없었던 교통사고를 떠올렸다.

내 나이 30대 중후반 무렵 당시 첫째 딸아이가 초등학교 5학년 때였던 것으로 기억한다. 그때도 나는 소위 성공한 커리어우먼이었다. 능력을 인정받아 높은 연봉을 받았기에 경제적으로 매우 풍족했다. 회사에 출근하면 모두가 나를 기다리고 있었고, 모두가 나를 바라보면서 일했으니, 적어도 동종업계에서는 선망의 대상이었다.

문제의 그날, 대형 클라이언트와 약속이 있어서 급하게 차를 몰고 있었다. 나의 중형 세단은 급격한 내리막길에서 급작스러운 사고와 충돌했다. 갑자기 뒤에서 차가 부딪쳤고, 그 충격으로 내 차는 다시 앞차를 받았다. 나를 들이받은 뒤차는 보닛이 완전히 망가졌고, 앞차는 뒤쪽 범퍼가 형상을 알아볼 수 없을 정도로 부서졌다. 나는 다행히 견고한 차를 타고 있었기에 살아남았지만, 썩 운이 좋은 건 아니었다.

에어백이 터지지 않았고, 그날따라 가슴이 답답하여 안전벨트를 느슨하게 맨 게 문제였다. 나는 운전대에 머리를 부딪히기를 반복하다 끝내 기절하고 말았다. 차는 볼트가 겨우 두 개 빠진 것에 불과할 정도로 멀쩡했지만 내 몸은 한동안 정상적으로 움직일 수 없을 만큼 충격을 받았다.

당연히 병원에 입원했는데, 일 욕심에 3주가 지난 뒤 일하러 가야 한다고 고집을 부렸다. 하지만 의사의 만류로 두 달 가까이 병원 신세를 져야 했다. 당시 내 성격으로는 용납할 수 없는 일이었지만, 내 인생에 찾아온 그 강제적인 휴식을 나는 고스란히 받아들일 수밖에 없었다.

병원에서의 그 두 달 동안, 나는 잠시나마 시간이 천천히 흐르는 것을 보았다. 화려한 컨벤션센터를 끼고 있던 회사에서도 같은 시간이 흘렀지만, 나는 그것을 제대로 느낄 수 없었다. 반면 아무것도 할 수 없게 된 병원에서 나는 해가 뜨는 걸 보았고, 구름이 흘러가는 걸 보았고, 해 질 녘 하늘이 점점 따스한 붉은 색깔로 물들어가는 걸 보았다. 땅거미가 지는 길에 종종걸음으로 사람들이 바삐 오갔고, 조금씩 인적이 뜸해지는 거리는 방과 후 적막에 휩싸인 학교 운동장처럼 잠자코 석양을 머금었다.

그것은 내 인생에 갑작스럽게 다가온 브레이크였다. 그때 나는 생각했다. 내가 잘 살든 못 살든 일어날 일은 일어나고 마는구나. 누군가는 불행이라고 이름 붙일 수 있겠지만, 내가 느끼기에 그건 인생이라는 길에서 지금 건널목을 건너면 목숨을 잃을 수 있다, 더 큰 사고를 겪을 수 있다는 경고의 적색 신호등 같은 것이었다. 그야말로 삶에 꼭 필요한 멈춤이었다.

바삐 움직이는 곳에서 느끼는 태산 같은 고요함

우리는 누구나 삶을 살면서 브레이크가 잡힌 것 같은 순간을 맞이

한다. 그러면 허둥대고 아파하고, 고통스러워하고, 때로는 그 고통 때문에 누군가를 원망한다. 하지만 과연 그 브레이크가 나쁘기만 한 걸까?

인생의 마지막 순간 아파트 대출금이 뭐가 중요할까? 세계 일주를 못 했다고 해서 내 인생은 실패한 인생일까?

물론 퇴원한 지 며칠 만에, 나는 다시 생업 전선에 뛰어들었고, 늘 그랬던 것처럼 당당한 여전사가 되어 누구에게도 지지 않을 승부욕으로 다시 내달렸다. 마치 비행기를 타고 머나먼 타국에 여행을 떠났을 때 인생이 덧없이 여겨지다가도 다시 한국으로 돌아와 비행기가 김포공항에 내려앉기 시작하는 그 순간 이미 다시 욕망과 경쟁으로 치열한 세상의 일부가 돼버리고 마는 것처럼 말이다.

하지만 그 브레이크가 내 가슴에 남긴 씨앗은 물을 주지 않아도 내 마음 바닥에 뿌리내려 새로운 질문을 던졌다. 그리고 그 질문은 또 다른 미래를 기약하는 맹아(萌芽)가 되었다.

'그냥 이렇게 살아도 되는 것일까? 눈 양옆을 가린 경주마처럼 그저 달리기만 하면 되는 걸까?'

나는 바쁜 와중에도 내 좌표를 확인하고, 내가 가야 할 길을 찾는 습관을 지녔고, 생존의 치열한 현장에서도 그 병원에서 누렸던 마음의 평온함을 잃지 않으려 노력했다.

《채근담》에는 이런 말이 있다.

'고요함 속에서 고요한 것은 진정한 고요함이 아니다. 움직이는 곳에서 고요함을 얻는 건 본성의 진정한 경지에 도달한 것이다.

즐거운 곳에서 즐거움을 느끼는 것은 진정한 즐거움이 아니다. 어려움 중에서 즐거움을 찾을 수 있는 게 마음과 몸의 진정한 기틀을 세우는 것이다.'

한적한 곳에서 여유로운 마음을 얻는 것은 누구나 할 수 있는 일이지만, 시장 한복판 같은 삶의 치열한 현장에서 태산처럼 고요한 마음을 유지하는 것은 일정한 경지에 이른 사람만이 할 수 있다. 쾌락과 자극을 통한 즐거움은 누구나 느끼지만, 고단하고 반복되는 일상에서 즐거움을 찾을 줄 아는 것 역시 성숙한 인품을 갖추었을 때 가능하다.

바쁘다고 해서 마음 닦기를 미루면 끝이 없다. 바쁜 와중에도 자신의 인품을 갈고닦아야 정신적인 성장과 발전을 이룰 수 있다. 그렇게 할 때 어떠한 일이 닥쳐도 평상심을 유지할 내 삶의 중심을 갖출 수 있다.

군자는 늘 태평하고, 소인은 늘 걱정에 휩싸여 있다

우리는 알게 모르게 음으로 양으로 열심히 살라고, 승부에서 지지 말라고 하는 교육을 받았다. 하지만 앞서 말한 교통사고처럼 아이러니하게도 내가 열심히 산다고 해서 사고가 벌어지지 않는 건 아니다.

인생을 살다 보면 거대한 벽을 만난 양 브레이크가 잡히는 순간이 일어나고, 그것은 우리를 한편으로는 고통스럽게 하고, 한편으로는 변화시킨다. 그 변화는 새로운 길을 열어준다. 세계 일주나 아파트 할부금에만 목숨을 걸고 있을 게 아니다.

우리가 인생에서 거대한 질곡(桎梏) 같은 벽을 만났다고 해도, 그 게 꼭 나쁜 것만은 아니다. 그것은 어쩌면 멈춰야 할 때 멈추지 않았기 때문에 세상이 가져다준 선물인 거다. 한 번쯤 멈춰서 생각해보자.

'우리는 제대로 길을 가고 있는가? 내가 진정 원하는 길을 가고 있는가? 나는 지금 행복한가?'

이에 대한 답이 그렇지 않다면 좀 더 진지하게 파고들 필요가 있다. 다시 일상으로 돌아가더라도 동중정(動中靜, 움직임 가운데 있는 고요함)의 마음을 훈련할 필요가 있다. 그 수행이 삶을 더 활기 있게, 어려움도 탄력 있게 대처할 유연한 것으로 만들 거다. 내 경우가 그랬다. 멈춰 서서 나 자신에게 던졌던 질문은 나를 여러 가지 마음공부를 하게 만들었고, 그것이 내 인생을 점차 여유롭게 만들었다.

《논어》〈술이편〉에는 이런 말이 나온다.

자왈 군자판탕탕 소인장척척
子曰, 君子坦蕩蕩, 小人長戚戚

공자께서 말씀하셨다. 군자는 태평하면서 너그럽고, 소인은 언제나 걱정에 휩싸여 있다.

살면서 꼭 되새겨야 할 말이다. 자신의 인생에서 진정으로 중요한 것이 무엇인지를 깨달아야 한다. 그러면 순리대로 자신의 길을 찾고, 일상을 좀 더 여유로운 마음가짐으로 살아갈 수 있다.

우리가 흔히 착각하길, 성인군자는 이런저런 생각과 걱정이 많을 것 같고 소인배는 아무 생각 없이 자기 하고 싶은 대로 하면서 살 것 같지만 실제로는 그렇지 않다. 인격 수양이 충분히 되어 동중정의 마음을 가진 군자는 오히려 유유자적하게 살고, 그렇지 못한 세속의 범인은 늘 고민과 번뇌 속에서 세상과 부딪히고 갈등만 하다가 인생을 마감한다. 따라서 이런 실용적인 이유 때문에라도 우리는 멈춰서서 질문을 던지고 답을 찾는 시간을 가져야 한다. 물론 하나의 수단으로써 철학과 고전을 공부하는 것도 많은 도움이 될 것이다.

02

서로에게 질문하고 공감하며
인생의 길을 찾는다

사람을 변화시키는 첫 번째 단계가 공감임을 잘 모르는 사람이 많다. 지금은 많이 변화했지만, 우리나라 사람들이 지난 20세기 동안 험난한 현대사를 겪어오면서 형성한 권위주의적인 문화나 '빨리빨리'로 대표되는 급하게 일을 처리하는 문화에 익숙해져 있기 때문일 것이다.

《장자》에는 이런 이야기가 나온다.

춘추전국 시대, 노나라의 안합이 위나라의 현인 거백옥에게 물었다.

"여기에 천성이 살생을 좋아하는 사람이 있다고 합시다. 이 사람을 그대로 놔두면 나라가 위험해집니다. 그를 선도하려고 조언한다면, 그가 고분고분 말을 듣는 것이 아니라 조언한 사람을 위협하니 오히려 화를 입게 됩니다. 그는 남의 흉은 보고 자신의 흉은 볼 줄 모르는 사람입니다. 이런 사람에 대해서는 어떻게 처신해야 합니까?"

거백옥이 답했다.

"좋은 질문입니다. 만일 상대방이 아이처럼 행동한다면 똑같이 아이처럼 행동하고, 상대방이 정신이 나간 실성한 사람처럼 행동하면 당신도 그렇게 행동하세요. 그렇게 해서 그 사람이 당신을 자신과 같은 사람이라고 여기게 한 뒤, 조금씩 그를 변화시켜야 합니다.

당신은 사마귀의 호전성(好戰性)에 대해서 잘 알고 있을 것입니다. 사마귀는 수레바퀴가 자신을 건드리면 수레바퀴를 막아서고 싸우려고 합니다. 자기가 세상에서 가장 힘이 세다고 여기기 때문입니다. 자신의 능력을 과신하여 남을 무시하면 화를 입는 법입니다."

안합은 이에 크게 깨우친 바가 있었다.

이 이야기를 통해서도 알 수 있듯, 한 사람을 무작정 지도하려고 달려드는 것보다 먼저 그 사람에게 공감하는 게 그를 변화시키는 가장 좋은 방법이다. 이처럼 다른 사람을 변화시키고 싶다면, 공감할 수 있어야 하고, 역으로 내가 나를 변화시키고 싶다면 공감을 주고받을 상대를 만나거나 그러한 커뮤니티를 활용하는 게 많은 도움이 된다.

서로 경청하고 공감하는 그룹을 활용한다

현재 운영 중인 그룹 코칭 프로그램인 '나여행(나를 찾아가는 여행)'

을 시작하기 전, '소이차'라는 프로그램을 운영했었다. 소이차는 '소소한 이야기와 차 한잔'의 줄임말이다. 소이차를 시작한 계기는 내가 처음 1:1 코칭을 시작했을 때 만났던 분과 관련이 있다. 초창기에 나는 코칭 일을 거창한 사업으로 할 생각이 없었다. 정말로 소이차의 이름처럼 소소하게 사람들을 만나서 도움을 주는 일을 하려고 했다. 그런데 그때 대기업의 CEO 한 분이 나를 찾아오셨다. 나는 놀라면서 이미 이름이 알려진 저명한 코치가 많을 텐데 어떻게 나를 찾아오셨냐고 물었다.

그러자 그분의 대답인즉슨 이러했다. 이미 많은 상담사와 코치들을 알고 있지만, 내 속을 털어놓는 일이 쉽지 않은 일이다. 그런데 전 대표한테는 내 이야기를 가감 없이 다 할 수 있을 것 같다. 그 이유는 전 대표가 인생의 우여곡절을 많이 겪은 사람이기 때문에 내 이야기에 진심으로 공감해줄 수 있을 것 같다.

그분의 말을 듣고 기뻤고, 이 일을 잘할 수 있겠다는 큰 용기 또한 얻었다. 그때부터 많은 사람이 참여할 수 있는 그룹 코칭 프로그램을 기획하겠노라 마음먹었다.

'이런 모임을 만들면 주로 어떤 사람이 참석할까? 이 모임이 과연 효과가 있을까?'

나 자신도 궁금했다. 그렇게 해서 탄생한 것이 소이차 프로그램이었다. 소이차를 통해 문턱을 낮추고 일단 많은 사람을 만나야겠다고 생각했다. 저렴한 참가비에 한 달에 한 번 참석하는 모임으로 10명을 제한해서 받았고, 그 모임을 8개월가량 운영했다. 모임을 알리는 작업은 물론 SNS로 시작했다. 페이스북, 카카오스토리, 인스타그램을 통해 주로 홍보했는데, 누적된 팔로워와 이웃이 많은 편이어서 홍보는 그리 어렵지 않았다.

토요일 오전 10시부터 12시까지 하는데, 10명이 참석을 하니까 자기 차례가 돌아와서 이야기하는 것은 두 번 정도에 불과했다. 그럼에도 불구하고 많은 사람이 힐링이 되어 기운을 얻고 돌아갔다는 후기를 올려주었다.

어떤 사람을 변화시키고 싶다면, 내가 그에게 지시나 명령을 하거나 직접적으로 나만의 정답을 제시하는 것이 아니라, 그 사람에게 질문을 던지고 경청하고 공감하는 것이 우선이다. 그러면 사람 대부분이 스스로 자신에게 가장 적합한 답을 찾고, 자신의 길을 찾는다. 따라서 스스로 질문을 던지고 답을 찾는 것이 익숙하지 않은 사람들은 전문가가 구성하는 이러한 프로그램에 참여하거나 건전한 커뮤니티를 활용하는 게 많은 도움이 될 수 있다.

지극히 중요하지만
낯선 질문을 만나다

나는 소이차 모임에서 참석한 사람들에게 자기 삶의 의미를 물어보았다. 많은 사람이 평소 자신에게 이런 질문을 하지 않는다. 가까운 주위 사람에게 이런 말을 하려고 하지 않는다. 어쩌면 우리는 제삼자이기에 이런 문답을 주고받을 수 있는 것이다. 이렇게 10명의 사람이 이야기하는 것을 들어주고, 또 이런저런 피드백을 주기도 했다.

다음으로 행복에 관해 묻기도 했다. '언제가 제일 행복한가?'를 묻는 것이다. 이러한 질문을 듣고 답을 하는 것만으로도 자신이 진정으로 원하는 것이 무엇인지에 대해서 답을 찾아가는 실마리와 힘을 얻게 된다.

소이차 프로그램이 점차 소문이 나면서 본래 참여 인원을 10명으로 제한했는데, 20명 가까이 참석한 적도 있었다. 나중에는 모임 참가비를 2배로 올렸는데도 사무실이 미어터질 지경이 되었다. 한 번 참석한 사람들은 가급적 참가를 자제해달라고 부탁했지만, 참석하지 못하게 될까 봐 입금만 해놓고 말도 없이 오기도 했기 때문이다. 조그만 사무실에 그렇게 많은 인원이 밀집해서 예정된 두 시간을 넘겨 진행하기 일쑤였다.

소이차에 참가한 사람 중 자신이 총무를 하겠다며 자진해서 나선 사람도 있었다. 모임에 매회 참가하고 싶은 마음이 그런 방식으로도 표현된 것이다. 총무는 '소이차 지기'라고 불렸는데, 각종 포스트도 만들고 사람들과 연락을 주고받는 일도 맡아서 했다. 후일 소이차 모임이 종료된 뒤 소이차 지기는 나에게 공부가 많이 되었다고, 고맙다는 이야기를 전했다.

소이차의 역사가 쌓이면서 나중에는 유명한 철학 박사님을 모셔 놓고 함께 이야기를 나누는 등 활발하게 활동을 이어갔다. 사무실에 원두커피는 미리 준비되어 있으니 김밥 정도만 준비해서 그렇게 두 시간을 함께 이야기를 나누다 보니, 대학교와 학원에서 이론과 실습으로 배웠던 코칭 프로그램의 과정들이 현대인들에게 얼마나 긴요한지 다시금 절실히 깨달을 수 있었다.

소소한 이야기와 차 한 잔이라고 했지만, 그 차 한 잔에 담긴 의미는 가볍지 않았다. 모임 후기를 통해서도 알 수 있었지만, 그때 우리가 나눈, 가슴 깊은 곳에서 우러나온 이야기가 한 사람의 인생에 미치는 영향력이 전혀 소소하지 않았다.

말하자면 그들은 삶의 의미와 행복에 관한 질문을 통해 자신의 정체성을 찾을 계기가 되어주었다. 나아가야 할 길을 정립하고 확신을 갖게 되었다. 누군가의 이야기를 들어주고 공감해주는 그 시간이 무기력하고 지친 일상에서 활력 있는 삶으로 나아가는 발판이 되어주었다.

《논어》〈술이편〉에는 이런 말이 나온다.

자 식 어 유 상 자 지 측   미 상 포 야
子食於有喪者之側, 未嘗飽也

공자께서는 상을 당한 사람 옆에서는 음식을 배부르게 드신 적이 없었다.

이 구절은 공자가 다른 사람의 아픔에 깊이 공감할 줄 아는, 공감 능력이 뛰어난 사람임을 보여준다. 누군가 자신의 고통과 아픔에 공감해줄 때 그 괴로움이 경감되는 것은 당연지사다. 그렇기에 우리는 서로를 찾고, 더불어 공감하며 살아야 하는 것이다.

살아가면서 누군가와 아픔을 나누며 공감하고, 근본적 문제에 대해 질문을 던지고 경청하는 시간은 꼭 필요하다. 그 과정을 통해 아픔을 씻어내고 자신을 바로 세울 수 있기 때문이다. 지금까지 그런 시간이 없었다면 내 속에 마음의 병이 축적될 수 있으니 언제든 그런 기회를 가질 수 있도록 방법을 찾아야 한다. 만약 그런 기회가 없다면, 스스로 삶의 의미와 행복에 관하여 물어보는 자기 성찰과 자각(自覺)의 시간을 꼭 가져보길 바란다.

03

나를 찾는
여행을 시작한다

어느 날 굶주린 멧돼지가 먹을 것을 찾아 헤매다 나무 밑에 떨어져 있는 사과를 발견했다. 사과를 맛있게 먹고 난 멧돼지는 더 먹을 게 없나 두리번거렸다. 나무 위에는 사과가 주렁주렁 매달려 있었건만 위를 볼 줄 모르는 멧돼지는 땅만 열심히 팠다. 물론 땅을 아무리 파도 사과는 나오지 않았다. 만일 멧돼지가 위를 볼 줄 알았다면 나무를 흔들어서 사과를 떨어뜨려 배불리 먹을 수 있었을 것이다.

우리는 일상의 숱한 문제들과 미래에 대한 불안들로 지쳐 있다. 그러다 외부에서 하나의 해결책을 찾으면, 하나의 문제를 해결하지만 계속 문제는 쏟아지고 있다. 그렇다면 이제는 뭔가 근본적인 해결책을 찾아야 하지 않을까? 내 발바닥에 종기가 났는데, 신발만 계속 바꾼다고 문제가 해결되지는 않는다. 그렇다고 집에서 아무것도 하지 않고 가만히 앉아 있을 수만은 없는 노릇이다. 신발 가게만 돌아다닐 것이 아니라 병원을 찾아 종기를 낫게 하는 근본적인 치료를 하면 웬만한 신발은 다 괜찮은 것이다. 나를 찾는 여행은 그렇게 근본적인 치료를 하는 것이다.

우리는 모두
공통적인 문제를 안고 있다

소이차 프로그램을 진행하면서 얻은 자신감을 바탕으로 본격적인 코칭 프로그램을 준비해서 발족하게 되었다. 그게 바로 '나여행(나를 찾아가는 여행)'이다.

나여행 프로그램을 만들고 나서 처음에는 소이차를 경험했던 이가 많이 찾아왔다. 그다음 단계로는 점차 본래 SNS의 주요 인맥들로, 오랫동안 나를 팔로잉했던 CEO가 많이 참석하기 시작했다. 그들을 보면서 이런 생각을 했다.

'대기업들은 시스템이 잘되어 있어서 CEO와 직원들이 코칭 프로그램의 혜택을 잘 받고 있는 편이다. 하지만 중견기업, 중소기업의 임직원들은 이런 부분이 취약하지 않은가? 나는 그런 분들에게 먼저 이 코칭 프로그램의 혜택을 주는 사람이 되어야겠다.'

그렇게 중소기업의 CEO를 중심으로 프로그램이 알려지기 시작하다가 나여행을 참여했던 분들이 지인들에게 소개하면서 점차 일반인들로까지 확산되었다. 나를 찾는 사람들이 이렇게 늘어나는 것은 매우 고무적인 일이었다. 그것의 중요성을 아는 사람이 많다는 건 매우 다행한 일이라는 생각이 들었기 때문이다.

1:1이든 그룹이든 코칭을 하다 보면, 사람들의 고민이 거의 비슷하다고 생각하게 된다. 대개 이런 것이다.

'어떻게 사는 것이 잘 사는 건지 모르겠다.'

'내가 누군지 모르겠다.'

'앞으로 어떻게 살아야 하는지 모르겠다.'

이는 복잡다단한 데다 급변하는 세상 속에서 많은 이가 갈 길을 잃은 채 표류하고 있다는 방증이다.

간절한 마음이 되었을 때, 새로운 길을 찾아 떠난다

누구에게나 이런 공통적인 문제가 있으니 당연히 코칭 또한 이렇게 자신을 찾아나가는 과정으로 귀결될 수밖에 없다. 나 역시 그 부분에서 사람들에게 도움을 주는 역할을 하는 것인데, 나의 전공과 삶 전반이 그러했기 때문에 가능한 일이다. 말하자면, 나는 일생 누군가를 성장시키는 일에 관여해왔고, 리더십과 코칭과 동양철학으로 석·박사과정을 밟았으며, 여기에 나의 진한 인생 경험을 버무려서 1:1 코칭도 진행하고, 그룹 코칭 프로그램도 만들어서 진행하는 것이다.

나여행의 프로그램에는 이 모든 것이 녹아 있는데, 거칠게나마 나여행의 과정을 대략 소개하면 이렇다.

1주 차에는 나의 욕구와 욕망을 중심으로 자기 자신이 누구인가에 대해서 알아본다. 내가 바라는 것이 무엇인지 정확히 파악한다면, 내가 누구인지도 알 수 있다. 그리고 사람들이 다 비슷해 보이지만, 우리가 같은 사물을 보는 데도 얼마나 다른 관점을 가지고 있는지, 우리가 얼마나 서로 다른 존재인지에 대해서 인식하는 시간을 갖기도 한다. 물론 이것은 나여행이 1:1 코칭이 아니라 그룹 단위로 진행하기에 가능하다.

2주 차에는 나에 대해서 좀 더 심도 있게 알아본다. 여기에는 훨씬 더 복합적이고 전문적으로 자신을 분석하는 도구를 활용하는데, 그게 바로 버크만 진단 프로그램이다. 2주 차에는 이 버크만 진단 프로그램을 통해 내가 어떤 사람이며 무엇을 지향하고 있고, 내 잠재의식에는 무엇이 있는지, 나는 어떤 자원과 무기를 가지고 살아가는지 등등에 관하여 다양한 층위에서 분석한다. 나는 누구인가에 대한 본격적인 답을 찾는 시간을 갖는 거다.

3주 차에는 내가 진정 원하는 삶이 어떤 것인지를 알아본다. 본격적으로 행복에 대해 다루는 것이다. 그리고 그 행복의 관점을 남이

나 외부에서, 자신과 내면으로 돌이키는 사고의 전환을 경험한다. 그렇게 해서 자주적으로 진정한 행복을 찾아가는 방법을 배운다.

마지막 4주 차에는 1~3주에서 찾아본 나를 바탕으로 향후 어떻게 살아갈 것인지, 어떻게 흔들리지 않는 삶을 살아갈 것인지를 이야기한다. 그것을 하나의 단어로 규정하자면 바로 가치관이다. 자신의 원하는 최종적인 삶의 목적지와 일생을 관통하는 삶의 주축(主軸)은 무엇인지를 가치관과 연결하여 이야기하는 것이다. 그리고 지난날의 나에게 편지 쓰는 과정을 통해 앞으로도 잘 살아갈 수 있다는 확신을 갖는다. 이렇게 가치관까지 정립하고 나면 그전에 없었던 매우 강력한 자기중심을 구축할 수 있게 된다. 이러한 과정을 통해 세파에 흔들리지 않고 살아갈 항구적인 힘을 얻게 되는 것이다.

이 모든 과정은 개인적으로만 진행하는 것이 아닌, 사회적으로 다른 사람들과 어울려서 진행하는 만큼 무척 탄탄한 수련의 시간이 된다. 서로 경청하고, 위로하고, 격려하고, 보듬는 과정을 통해 인정과 존중을 받으면서 찾아가는 과정이기에 더욱 확고히 자기 내면에 자리잡힌다.

그래서 한 번 나여행 과정을 거친 사람은 자신이 사랑하는 사람 혹은 갈등관계에 있는 사람, 주위의 가까운 사람에게 이 프로그램을 추천하는 경우가 많다. 묵은 갈등과 불안을 해소하고 더 많은 긍정적인 기운을 공유하고 싶기 때문이다. 그렇게 나를 찾아가는 여행자가 점점 늘어나고 있다.

《논어》〈술이편〉은 말한다.

불분불계 불비불발
不憤不啓, 不悱不發

분발하지 않으면 계도할 수 없다. 애태우지 않으면 발휘할 수 없다.

이 말은 '간절함이 있어야 깨우칠 수 있다'는 뜻이다. 자기 자신을 찾는 것은 인생사 모든 행사(行事)의 근본이지만, 내가 길거리를 다니면서 전도하듯 자신을 찾으라고 유세할 수도 없고, 또 그렇게 해서는 효과도 없을 것이다.

갖가지 풍파를 겪고 나서, 결국 자기 자신밖에 해답이 없다는 걸 깨닫게 되었을 때, 혹은 무엇인가 근본적 해결책을 찾아야겠다고 느꼈을 때, 그때가 내가 손을 잡아 끌어줄 수 있는 가장 적절한 시점이다. 지금껏 외부에서 답을 찾는 것에 지쳤다면, 오랫동안 길을 잃고 헤맸다면, 이제 자기 자신을 찾는 여행을 시작할 때가 온 것이다.

04

건강한 인생을 위해
나와 상대방을 정확히 안다

편견과 선입견에 사로잡혀, 자신만 내세우는 인생은 늘 갈등을 일으킨다. 사람과 세상이 자기 생각대로 안된다고 느끼면서 늘 괴로워하고 좌충우돌하는 삶을 사는 것이다. 하지만 나와 남을 정확히 알면 이러한 괴로움에서 벗어날 수 있다.

《논어》〈학이편(學而篇)〉은 말한다.

불 환 인 지 불 기 지   환 부 지 인 야
不患人之不己知, 患不知人也

남이 자신을 알아주지 않는 것을 근심하지 말고, 내가 남을 알지 못하는 것을 근심하라.

많은 사람이 자기 자신에 대한 객관적 파악도 안 된 상태에서, 자

243

기 모습을 자신이 원하는 대로 설정해놓고, 상대방이 그렇게 인정해주지 않으면 남이 자신을 알아주지 않는다고 분노한다. 그리고 상대방의 입장과 상대방이 어떤 사람인지에 대해서는 깊게 알려고도 하지 않으면서, 상대를 멋대로 규정하고 비난한다. 자신과 상대방에 대해서 정확히 알고 있으면 비합리적인 생각에서 벗어날 수 있고, 건강한 인생을 살아갈 수 있다.

자신의 욕망을 직면해야
인생이 왜곡되지 않는다

'니가 진짜로 원하는 게 뭐야?'라는 가사가 반복되는 유명한 노래도 있는데, 이 가사가 가슴에 와닿는 이유는 우리 대부분이 자신의 진짜 욕구를 외면하거나 제대로 파악하지 못한 채 살아가고 있기 때문이다.

현대인들은 자신의 욕망에 솔직하지 못한 삶을 살아간다. 자신의 욕망을 숨기고 쌓아놓다 보니 그것이 억눌린 감정이 되어서 병이 된다. 때로는 그렇게 오래 축적된 욕구들이 뒤틀려서 병적인 사건 사고를 일으키기도 하니, 우리 사회 전반을 위해서라도 이러한 욕망을 풀어놓는 기회가 꼭 필요하다.

유력한 기업을 일군 60대 L 사장님이 '나여행' 프로그램에 참석한

적이 있다. 욕구에 대한 부분을 알아보는 시간이었다.

"부모님과 부부에 관한 욕구를 적어보세요."

자신의 욕구를 적고 발표하는 시간이었는데, 그는 부모에 대한 욕구를 이야기하면서 갑자기 눈물을 흘렸다. 나이가 지긋한 큰 기업의 사장님이 아이처럼 울음을 터뜨리니 프로그램에 참석한 일동이 당황할 수밖에 없었다.

사연인즉 부모님이 건강이 안 좋고 연세 또한 너무 많으셔서 전문적인 도움을 받아야 하니 요양원에 모셔야 하는데, 직접 모실 수 없는 그 상황이 속상했던 거다. 한참을 펑펑 울었는데, 며칠 후 나에게 그때 잠깐 민망하기는 했지만 그렇게 하고 나니 속이 후련해졌다고 말씀하셨다.

"내 생전 처음 그렇게 많은 사람 앞에서 울었어. 내가 왜 그랬는지 몰라. 그런데 창피한 것이 아니라 되게 속이 후련하더라고."

자신의 숨겨진 욕구를 풀어놓으면 가슴에 맺혀 있던 감정이 풀리면서 건강하게 더 밝은 일상으로 새로운 걸음을 내디딜 수 있다.

나는 이 프로그램의 그런 혁혁한 효과를 잘 알고 있었기에 나의 딸아이도 참여시켰다. 딸아이는 부모에 대한 욕구에 대해서 돈과 결혼이라고 적었다. 내가 이혼했기에 이 아이에게는 부모가 각자 혼자 지내는 게 마음에 걸렸던 것 같다. 부모님이 이혼하여 혼자 계시는데 누구든 결혼했으면 좋겠다는 게 딸아이의 욕구였다. 자신이 결혼할 때가 다가오니까 그게 신경 쓰인다는 것이다. 내가 코칭하는 상황에서 그런 이야기를 들으니 당황스러운 데다 가시방석 같은 기분도 들었지만, 일터인지라 애써 냉정을 유지하며 계속 진행했다.

다음으로 돈에 대한 욕구를 이야기할 때, 대개의 아이가 그렇듯 금전적으로 지원을 해달라는 건 줄 알았는데, 그게 아니었다. 자신이 돈을 많이 벌어서 부모님 힘들지 않게 해드리고 싶다는 기특한 이야기였다.

여기에 구구절절 다 풀어놓을 수는 없지만, 중요한 점은 27년을 같이 어울려 지냈지만, 처음으로 들어보는 딸아이의 진솔한 이야기가 많았다는 게 큰 수확이었다. 듣기 불편한 이야기든 좋은 이야기든 그렇게 속마음을 들을 수 있었다는 것, 딸아이가 그렇게 솔직한 마음을 털어놓을 수 있다는 것이 우리 관계에 좀 더 긍정적인 변화를 일으킬 수 있기 때문이다. 서로의 솔직한 욕구를 알 때 건강한 관계가 형성될 수 있다.

이해와 인정이 안 되면 분노가 일어난다

예전에 크게 인기를 끌었던 베스트셀러 중 틱낫한 스님의 《화》라는 책이 있다. 그 책이 그토록 많은 사람의 사랑을 받았다는 건 현대인들이 그만큼 분노에 시달리고 있고 분노를 조절하기 힘들다는 현상에 대한 방증일 것이다.

50대 중반의 사업가 B는 성공한 스포츠용품 업체 대표다. 그가 나를 찾은 이유는 욱하는 감정을 참기 힘들다는 이유에서였다. 나는 먼저 그가 어떤 대목에서 화가 나는지 알고 싶었다.

먼저 분노가 일어나는 순간들이 어떤 때가 있는지 전부 말해보라고 했다. 무엇 때문에 분노가 일어나는지, 왜 분노가 치미는지 전부 상담 테이블에 끄집어 올려놓고 파악할 필요가 있었다. 그렇게 전부 올려놓고 보니, 아주 사소한 일에서부터 일반적으로 그럴 수 있겠다 싶은 것까지 다양한 요인이 있었다.

하나하나 살펴보았는데 구체적인 일례로, 한번은 직원으로 일하는 처남이 물건을 잘못 사 가지고 와서 화가 났다고 했다. 그래서 왜 화가 났던 것 같냐고 물어보니, 혼자 곰곰이 생각하다 그때 식사 때를 놓쳐서 그랬던 것 같다고 말했다. 그러면서 처남 입장에서는 다소 억울할 수 있겠다고 했다. 누구나 그럴 수 있다. 중요한 것은 자기 내면을 들여다보는 시간을 통해, 자신의 분노가 비합리적이었다는 걸 스스로 파악한 거다.

또 한번은 아내에게서 크게 분노가 일었다고 했는데, 이유인즉 이랬다. 자신이 물건을 열 개 사 왔다면 그냥 대충 넘어가면 되는데, 아내는 그걸 꼭 아홉 개라고 정확하게 짚어낸다는 것이다. 이야기하는 도중 그 물건값이 1,000만 원이라고 하면, 아니 980만 원이라고 딱딱 지적하는 게 꼴 보기 싫고 화난다는 것이다.

누군가에 대한 분노가 끊이지 않는 이유는 자기 자신과 상대방에 대한 정확한 이해가 부족하기 때문이라는 걸 나는 잘 알고 있다. 그래서 나여행의 한 과정인, 버크만 진단 프로그램을 통해 그와 그의 아내를 살펴보았다.

프로그램을 돌려보니 먼저 코칭을 받고 있는 남편은 블루 성향으로 나타났다. 블루 성향은 감성적이고 정적인 특성을 갖고 있다. 예술가적인 기질이 강하고 감정이 풍부하다. 반면 아내는 옐로우 성향으로 나타났다. 옐로우 성향은 본래 숫자 관념에 능하고 꼼꼼한 성격을 갖고 있다. 그러한 성향은 숫자가 딱 떨어지지 않으면 불편해지는 성격을 갖고 있다. 그렇기에 숫자를 정확히 짚어주는 것은 본인의 성향대로 자연스럽게 살아가고 있다는 것이다. 말하자면, 아주 정상적으로 잘 살아가고 있는 것이다. 이러한 점을 이야기하면서 그를 이해시켰다.

"아내는 지금 잘 살고 있는 거예요. 아내가 만약 지금처럼 숫자에 대해서 민감해하지 않는다면, 아내에게 정신적으로 심대한 문제가 발생한 겁니다. 이런 아내를 인정하지 않고 매번 다툴 것이냐, 아니면 인정하고 아내가 정상적으로 잘 살아가고 있는 것에 대해 감사하며 조화롭게 살아갈 것이냐는 전적으로 대표님 몫이에요."

그는 그때부터 아내의 특성을 인정하게 되었다.

학의 다리가 길다고 자르지 말라는 장자의 말도 있듯, 우리는 다른 사람의 특성을 그 자체로 인정해줄 수 있어야 한다. 그렇게 할 때 우리는 조화로운 관계 맺기를 할 수 있고, 불필요한 분노에서 해방 될 수 있다.

제대로 알면 비합리적인 생각에서 벗어날 수 있다

다양한 갈등과 분노가 일어나는 또 하나의 근본적 이유는 자기 내 면을 제대로 들여다보지 못했기 때문이다. 자기 내면을 들여다보고, 삶에 대한 잘못된 태도와 비합리적인 생각을 해소하면 그 괴로운 상 태에서 벗어날 수 있다.

이런저런 질문들을 통해서 B 대표의 내면을 들여다보니 기본적으 로 자신이 억울하다는 생각에 사로잡혀 있음을 알게 되었다. 내면 깊은 곳에 자신만 아등바등 열심히 살고 있는 것 같다는 생각을 갖 고 있었던 거다. 그것을 바로 잡아줄 필요가 있었다.

그에게 아내 입장에서 생각해볼 때 아내는 어떨 것 같으냐고 물었 다. 아내는 혼자서 쌍둥이를 키우고 있고, 일주일에 한 번 자신이 찾 아가는데 혼자 쌍둥이를 키우는 일이 정말로 힘들 것 같다고 답했 다. 그리고 장모님이 계속 아내를 도와주고 있는데, 그것도 생각해 보니 고마운 일이라고 했다. 자신이 처남을 먹여 살린다고 생각했는 데, 한편으로는 회사에서 전적으로 신뢰하고 일을 맡길 사람도 처남

뿐이라는 깨달음이 들었다고 했다. 자기 내면에 있던 억울한 감정이 전혀 합리적이지 않다는 것을 자각하면서 그의 답답했던 마음의 어둠이 눈 녹듯 사라지게 되었다.

사람들은 자주 심리학에서 말하는 당위성의 법칙에 사로잡힌다. 아내는 이래야 한다, 장모님은 이래야 한다, 처남은 이래야 한다, 남편은 이래야 한다, 직원은 이래야 한다, 상사는 이래야 한다! 이것들은 모두 자기 스스로 만들어낸 환상이다.

상대 입장으로 들어가면 대체로 그럴 이유가 있다. 그러면 공감되면서, 내 안의 분노도 비합리적임을 깨닫게 된다. 그러면 그때부터 불필요한 분노에서 벗어나 오히려 감사한 마음을 갖거나 합리적인 해결 방안을 찾게 되는 것이다.

춘추전국 시대, 자공이 스승 공자에게 "한마디 말로 죽을 때까지 실행해야 할 원칙이 있습니까?"라고 묻자, 공자가 답했다.

"그것은 바로 서(恕)이다. 나 자신에게 일어나길 원하지 않는 것이라면, 남에게도 베풀지 말라."

'서(恕)'라는 글자는 앞서 다른 제자인 증자도 언급했지만, 파자(破字)를 하면 같을 여(如)에 마음 심(心)으로 같은 마음이라는 말이다. 자공은 매우 실용적인 인물로 알려져 있었는데, 그런 성향답게 무척 실리적인 질문을 한 것이니, 여러 말 필요 없이 평생 지킬 하나의 원칙을 대담히 요구한 것이다.

그것이 '서'였으니 현대에 성행하는 말로 바꾸자면 바로 공감이다.

자공은 후일 사업적 성공뿐 아니라 높은 벼슬까지 지냈는데, 그것은 어쩌면 이 공감이라는 공자의 가르침에 충실했기 때문이다. 공감하고 비합리적인 사고방식에서 벗어나야 갈등과 분노가 없는 건강한 인생을 살아갈 수 있다. 이를 위해 선행되어야 하는 것은 심리 프로그램을 통해서든 명상이나 대화를 통해서든 자신과 상대방을 정확히 아는 일이다.

05

나 자신의 마음을 청소하고
무한한 신뢰를 보낸다

음식을 먹고 나면 깨끗이 닦아내야 할 설거짓거리가 생기듯 인생을 살다 보면, 자연스럽게 마음에 찌꺼기가 생긴다. 이것을 방치하면 번뇌와 불안 등 각종 마음의 질병에 시달리고, 일상을 살아가는 게 진창길을 달리는 것처럼 힘겨운 법이다.

《도덕경》에는 이런 말이 나온다.

'완전한 비움에 이르러, 고요함을 돈독하게 지킨다. 만물이 다투어 일어나지만, 나는 그것들이 되돌아가는 걸 본다. 비록 만물이 무성하게 자라나지만 결국은 각자 그 뿌리로 돌아간다. 뿌리로 돌아가는 것은 말하자면 고요함이다.

이것을 가리켜 명(命)으로 복귀한다고 한다. 명을 되찾는 것은 영원한 것이요, 영원함을 알면 밝아진다. 영원함을 알지 못하면 흉한

일을 일으키고, 영원함을 알면 너그러워진다.'

정리하자면 언제나 변함없는 영원함은 천명이요, 그것은 만물의 뿌리인 고요함이다. 그리고 그것은 완전한 비움을 통해 도달할 수 있다. 우리가 밝은 지혜를 가지고 너그럽게 인생을 살아가려면 마음을 깨끗이 비우는 마음 청소를 주기적으로 해야 한다. 마음을 청소하여 항상 변함없는 나의 근본을 찾으면, 우리에게 주어진 일상을 항상 자신감 있게 살아갈 수 있다.

마음을
청소하는 편지

'나여행' 프로그램에는 '10년 전 나에게 쓰는 편지' 코너도 있다. 말하자면, 시간을 거꾸로 거슬러 올라가 10년 전의 나와 마주하는 시간이다. 이 과정은 자신을 위로하는 시간을 갖는 것으로, 근본적으로는 현재의 나를 변화시키는 목적을 갖는데, 때로는 진한 감동을 자아내기도 한다. 이 프로그램은 마음의 찌꺼기를 씻어내는 과정이며, 흔들리지 않는 자기 확신을 심어주는 과정이다.

나여행의 과정을 함께한 참가자들 중 P가 쓴 편지는 우리에게 많은 감동을 주었다. 그는 아내와 사별한 후 오랫동안 혼자 어린 딸을 키워왔던 부녀가정의 싱글대디다.

'○○아, 며칠 뒤면 애기 엄마가 없어질 수도 있어. 아니 없어질 거야. 죽을 수도 있단 말이지, 아니 분명히 이 세상 사람이 아닐 거야. 하지만 너무 슬퍼하지는 마. 네가 너무 슬퍼하면 네 소중한 딸이 더 힘들어할 테니까. 그리고 너를 그 괴로움 속에 너무 가둬두지 마. 물론 힘들겠지만 그 속에서 헤어나지 못하고, 너 때문에 그 사람이 그렇게 사라졌다고 생각하지 마. 그리고 딸을 키우면서 자책하지마. 넌 과거에도 힘들었지만 잘 살아왔고 지금도 잘 살아갈 수 있을 거야.'

편지는 옆 사람이 읽어주도록 했는데, 이 과정에 참여했던 모든 사람이 이 편지의 내용을 듣고 눈시울을 붉혔다.

그가 처음 나를 찾아왔을 때 우울증이 너무 심하여 힘들어했다. 삶에 아무런 의미도, 의욕도 없다고 했다. 하지만 지금 그의 표정은 매우 환해졌다. 많은 사람에게 자신의 이야기를 털어놓고 자기 자신을 위로하는 시간을 가지며 더 밝아진 거다.

그는 그저 달려야 했다. 딸을 키우기 위해서 아내와 사별한 슬픔에 빠져 있을 틈도 없이 달리기만 한 것이다. 돈을 벌어서 자식을 키우고 살아남아야 했기 때문이다. 자신이 아픈지도 모르고 10년을 달리다 이제 자신을 조금 돌아보니까 자기 삶이 무엇이었는지 알 수도 없고, 무기력해진 것이다. 사람도 싫고, 세상도 싫고, 모든 게 싫어진 것이다.

자동차도 점검 한 번 안 하고 달리기만 하면 언젠가 고장이 나고 퍼져버린다. 사람인들 오죽할까? 한 번씩 윤활유도 뿌리고, 엔진오 일도 갈아주고 해야 하는 것이다. 그런데 10년을 그냥 달리기만 했으니 고장이 날 수밖에. 우리는 우리 자신에 대해서도 퍼지기 전 자동차처럼 자기 점검과 정비의 시간이 필요하다는 걸 알아야 한다.

우리 내면에 오랫동안 누적되고 뭉친 찌꺼기들을 끄집어내서 깨끗이 청소해야 한다. 그런 위로를 통해 감정의 찌꺼기를 청소해낼 때 다시 삶의 활력을 얻을 수 있다.

오늘도 변함없이
나를 응원한다

소설가 공지영이 쓴《네가 어떤 삶을 살든 나는 너를 응원할 것이다》라는 책이 있다. 2008년에 출간하여 무려 80만 부가 넘게 팔린 베스트셀러다. 이 책의 어떤 메시지가 사람들에게 공감을 불러일으킨 것일까? 공지영 작가의 검증된 필력 덕분이기도 하겠지만, 가장 큰 이유는 그 책이 이미 많은 심리 상담사와 코치가 다루어왔던 가장 중대한 심리학적 주제 중 하나를 건드렸기 때문이다. 그 주제는 바로 '변함없는 믿음이 주는 힘'이다.

10년 전의 나에게 일기를 쓰는 과정을 통하여 나여행 참여자들이 공통적으로 느끼는 감정, 결론적으로 얻게 되는 힘도 바로 여기에 있다.

'너 10년 전에 힘들었지, 그때 죽을 만큼 힘들었지만, 지금 잘 살고 있잖아. 그때 그렇게 힘들고 막막하고, 모든 게 잘되지 않을 것 같아 불안했지만, 그런대로 잘 헤쳐 나와서 지금까지 잘 살고 있잖아. 그러니까 10년 후에 오늘을 생각하면 어떨 것 같아? 그때 나여행에서 이 편지를 쓰고 있던 것을 떠올리겠지? 그러면 지금 힘든 문제도 결국 잘 헤쳐 나갔을 거고. 너는 그때도 지금의 나에게 불안해하지 말라고, 너무 힘들어하지 말라고, 잘 살아갈 수 있을 거라고 말해주지 않겠니?'

10년 전의 나 자신에게 편지를 쓸 때, 많은 사람이 가장 들려주고 싶어 하는 이야기가 바로 이것이다. 자책하지 마라, 걱정하지 마라, 잘 헤쳐 나갈 수 있다, 잘 살아갈 수 있다 등등……. 그렇다면 지금의 나에게도 그렇게 말할 수 있다. 10년 전의 나에게 하는 위로가 현재의 나에게 하는 위로와도 통한다는 것이다. 요컨대 내가 지금 잘 살고 있다는 걸 의심하지 말라는 것이다.

《논어》〈안연편〉에는 이런 말이 나온다.

군 자 불 우 불 구　　내 성 불 구　　부 하 우 하 구
君子不憂不懼, 內省不疚, 夫何憂何懼

군자는 근심하거나 두려워하지 않는다. 자기 자신의 내면을 돌아보아 거리낄 것이 없다면, 어찌 근심하고 두려워하겠는가?

지금 하루하루 나름대로 삶을 열심히 살고 있다면, 자기 삶에 대해서 회의하지 말라는 공자의 가르침이다.

괴테는 작품 《파우스트》에서 '인간은 노력하는 한 방황한다'라고 했다. 방황하는 가운데 불안하다면, 그건 열심히 살고 있다는 방증이기도 하다. 그러니 인생이 불안하다면 '나는 지금 열심히 살고 있구나'라고 여기며 자신을 격려하고 흘려보낼 뿐, 불안과 두려움에 애써 머무르지 말자. 지금 방황하고 있다고 해도, 당신은 잘 살고 있는 것이다. 당신은 10년 전에도 잘 살아왔고, 지금도 잘 살고 있고, 앞으로도 잘 살 것이다.

06

가치관이라는
인생의 등대를 환히 켠다

'웅장여어(熊掌與魚)'라는 말이 있다. 이는 《맹자》에 나오는 말인데, 직역하면 '곰의 발바닥과 물고기'라는 뜻이다. 곰 발바닥은 요리하는 데만 며칠씩 걸리는 고급 요리이며, 물고기는 서민들이 먹는 일반적인 식재료다. 둘 다 먹음직스럽지만 둘 중 하나만 고르라면, 곰 발바닥을 먹겠다는 것인데, 여기서 곰 발바닥은 인간의 도리를 의미하고, 물고기는 이익을 의미한다.

다산 정약용 역시 인생에는 네 가지 길이 있다고 했다.

첫 번째로 명분이 있고 의로우면서 이로운 길이 있고, 두 번째로 명분도 없고 이익도 없는 길이 있으며, 세 번째로 의로운 길이지만 이익이 없는 길이 있고, 마지막 네 번째로 의로운 길은 아니지만 이익은 있는 길이 있다는 것이다. 두 번째 길은 누구나 가지 않을 것이고, 첫 번째 길을 갈 수 있다면 좋지만, 부득이한 경우 세 번째와 네 번째 중 선택해야 한다면, 의로운 길을 택하겠다는 것이 다산이 주장하는 말의 요지다.

'웅장여어'라는 비유만 놓고 보았을 때, 사람이 물고기가 먹고 싶지 않은 게 아니라 곰 발바닥 요리가 훨씬 고급이기 때문에 그것을 선택하는 거다. 크게 보았을 때 사람 간의 도리를 지킬 때 삶의 이익도 더 커지는 법이기 때문이다. 이렇게 인생에서 더 나은, 올바른 선택을 할 수 있게 하는 것이 인생의 등대와 조타수 역할을 하는 가치관이다. 가치관이 있어야 항로에서 벗어나지 않고, 안전하고 즐겁게 삶이라는 바다를 항해할 수 있다.

평생 나를 지지해줄
친구를 갖는다

나는 요즘 30대 중후반 시절 강남 한복판을 누비고 다니던 성공한 젊은 CEO였을 때보다 돈은 적게 벌지 모르지만 더 많은 행복감을 느낀다. 내가 원하는 삶을 살고 있기에 만족스러운 것이다. 나는 누군가에게 살아갈 용기와 힘을 주고 있을 때 보람과 행복감을 느끼는데, 그 가치는 돈으로 환산할 수 없다.

최근에 비유가 아닌 실제 생선을 통해, 곰 발바닥 요리를 먹는 것 같은 가치와 즐거움을 느낀 사례가 있어서 소개한다.

얼마 전 S수산의 J 사장님이 나에게 갈치와 병어를 먹기 좋게 손질해서 한 박스 보내주었다. 물론 나의 수입으로 생선을 사 먹을 수 있지만, 그렇게 사서 먹는 음식과 마음이 담긴 수산물은 그 가치를 비교할 수 없다. 그 사장님이 나에게 갈치와 병어를 보내면서 말했다.

"대표님의 나여행 프로그램 덕분에 제 가치관과 삶의 방향이 확립되었습니다. 너무 감사해서 이렇게 보냅니다."

내가 사람들에게 자기중심을 갖게 해주고, 삶의 방향을 긍정적인 방향으로 전환하고, 기운을 불어넣고 있다 생각하니, 나 역시 행복한 기분으로 살아갈 수 있는 것이다. 이렇게 인생 2막을 내가 원하는 방식으로 살아가게 된 것에 대해 나 역시 하루하루가 감사할 뿐이다.

그분은 나에게 그 자신의 삶을 통해서도 큰 감동을 주었다. 그분은 사업하면서 상당한 부채를 안고 있지만, 매달 50만 원씩 어려운 아이들을 후원하고 있다. 자신 또한 가장이면서 넉넉하지 않은데도 불구하고 그런 자선활동을 하고 있다는 게 나를 깊이 감화시켰다.

그분에게 나중에 어떤 삶을 살고 싶으냐고 물었을 때, 어려운 이들에게 기부하는 삶을 살고 싶다고 했다. 자신이 돈을 벌어야 하는 이유가 보육원 아이들에게 간식을 사주고, 가난해서 기회를 얻지 못하는 아이들에게 도움을 주기 위해서라고 했다. 어려운 사람들에게 베푸는 삶, 그것이 삶의 목적이고 자신의 가치관이라는 거다. 그리고 나 여행 프로그램을 통해 자신의 가치관에 평생 변하지 않을 확신을 갖게 되었다고 했다.

나는 그 이야기를 듣고 숙연한 기분이 들면서, 참으로 오랜만에 올곧은 사람을 만났다는 생각까지 들었다. 나 역시 다른 사람을 살리는 삶을 살겠노라 마음먹고 그 길을 간다고 하지만, 나름의 어려움에도 불구하고 꿋꿋이 자기 가치관대로 살아가는 그분의 모습은 나에게 진한 감동과 함께 새삼 동기부여를 주었다.

그분이 보내준 생선으로 맛있는 식사를 하면서 단순히 갈치와 병어만 음식으로 섭취하는 것이 아니라 그분의 따뜻한 삶의 자세, 뜨거운 감사의 마음까지 내 속으로 들어오는 것 같았다.

그분의 갈치와 병어가 준 감동은 내가 어렸을 때는 느껴보지 못한 새로운 방식의 행복이다. 우리는 지금과 다른 새로운 방식의 행복이 있다는 것을 알아야 한다. 돈으로 살 수 없는 행복이니, 마음에서 마음으로 전해지는 밝고 따뜻한 행복이다.

삶은 이렇게 올바른 가치관의 등대가 있어야 밝은 미래가 열린다. 바른 자세로 살면 언제든 남은 행복이 있는 법이다. 하지만 올바르지 못한 가치관으로 살면, 지금 부와 명예를 누리고 있어도 언제든 재앙이 찾아올 수 있다. 좋은 가치관을 확립한다는 건 평생 나를 지켜주고 지지해줄 든든한 친구를 갖는 것과 같다.

인생의 나침반이 있어야
표류하지 않는다

중국 당나라 시절, 유변이라는 사람이 있었다. 그는 어사대부라는 직책을 가지고 있었다. 그의 가문은 많은 관료와 명사를 배출한 명문가였다. 유변은 후손들을 위해 명문대가도 망할 수 있다고 이야기하면서 이를 경계하는 글을 가훈 중 일부로 남겼는데, 축약하면 이렇다.

첫째, 편안하고 부유한 생활에 욕심을 부려, 이익을 위해서라면 수단과 방법을 가리지 않고, 남의 충고도 무시한다.

둘째, 학문에 관심이 없어서 교양이 없음을 부끄럽게 여기지 않고, 조금만 알아도 알은체하면서 언행을 함부로 하고, 자신의 지식이 부족함을 반성하지 않고, 남의 지식이 많은 것을 미워한다.

셋째, 자기보다 나은 사람을 멀리하고, 아첨하는 사람을 가까이 둔다.

넷째, 남의 선행을 미워하고 남의 잘못을 소문내고 덕을 멀리하고 나쁜 짓을 자행한다. 옷만 사대부일뿐 행동은 노비랑 다를 바가 없는 것이다.

다섯째, 게으르게 놀기를 좋아하고, 술 마시고 즐기는 것을 자랑스럽게 생각하며, 성실하게 일하는 사람을 하천하게 여긴다.

이러한 습관은 시간이 지날수록 더욱 강화되어 나중에 고치려 해도 고칠 수 없다.

천 년도 넘은 한 명문가 가훈이지만, 현대를 살아가는 우리에게도 교훈이 될 유효한 메시지가 아닐 수 없다.

한때 대한민국 최고의 예능인이었던 K가 인터넷 도박으로 구속된 적이 있다. 그가 최종 판결을 받고 포토라인에 서서 기자회견을 할 때 진심으로 사죄드린다면서 한 말이 있다. 앞으로는 시계나 저울이 아닌 나침반을 보고 살겠다는 말이었다. 나는 그가 비록 죄를 짓긴 했으나 그래도 여러 번 연예대상을 받은 사람으로서 공인다운 반성을 했다고 여긴다.

그가 말한 시계가 상징하는 건 이런 것이다. 시계는 우리를 늘 불안에 쫓기게 한다. 목표를 빨리 달성하지 못하면 어쩌나 불안하게 만들고, 그 부작용으로 우리는 음주, 쇼핑, 도박 같은 것에 도피하게 된다. 저울은 이것저것 재는 거다. 남과 자신을 비교하고, 치열한 경쟁에서 더 높이 오르지 못할까를 두려워하게 만든다. 그렇게 비교하는 삶 역시 우리를 불행하게 만들고 불량한 중독으로 내몬다.

나침반은 올바른 방향으로 나아가겠다는 것인데, 그 지표는 가치관이라고 할 수 있다. 사람은 자신의 가치관에 맞는 삶을 살아갈 때 행복하다. 많은 사람이 자신의 가치관이 무엇인지도 모른 채 살아간다. 망망대해를 항해하는 배가 등대도 없이 암흑 속에서 방향도 모르고 표류하니 인생이 암울하고 즐겁지 않은 것이다. 따라서 먼저 자신의 가치관이라는 등대를 찾아야 하고, 등대가 알려주는 방향으로 나아가는 노력을 지속해야 한다. 그러면 하루하루 감사하고 행복한 삶을 살아갈 수 있다.

《논어》〈옹야편〉에는 이런 말이 나온다.

_{인 지 생 야 직   망 지 생 야 행 이 면}
人之生也直, 罔之生也幸而免

사람의 삶은 올바름과 함께한다. 여기서 벗어나 살아가는 것은
요행으로 어려움을 면한 것에 불과하다.

사람은 무릇 올바름의 기운으로 살아갈 수 있다. 올바름에서 벗어
나도 생을 잘 영위할 수 있다고 생각하는 건 오판이다. 현재 운 좋게
화가 마치지 않았을 뿐, 언제든 위기가 찾아올 수 있다. 그렇기에 바
른 가치관을 정립하고 살아가야 하는 것이다. 그러한 가치관이라는
등대의 불빛이 있어야 인생 항로가 밝아진다.

07

평생 공부하는
청년으로 산다

'때때로 배우고 익히면 기쁘지 아니한가'라고 했다. 공부의 중요성은 천 번, 만 번을 강조해도 지나치지 않다. 내가 내 의지로 조금이라도 나의 삶을 낫게 만든 것이 있다면, 내가 어떤 상황에서든 더 나은 삶을 살겠다는 의지를 놓지 않고 뭔가 하나라도 더 배우고자 꾸준히 학습 욕구를 발휘한 덕분이다.

현시대를 사는 우리에게 배움의 중요성은 아무리 강조해도 지나치지 않다. 피터 드러커가 예견한 대로 지식산업사회가 된 21세기는 배움의 가치가 더욱 커졌다. 지식이 비즈니스와 재화로 즉각적으로 연결되는 사회이기 때문이다. 물론 꼭 이익으로 직결되지 않더라도 험난한 인생의 파고를 헤쳐 나가면서, 더 평안하고 지혜로운 삶을 살기 위해서라도 계속 공부하고 뭐 하나라도 배우는 것은 꼭 필요하다. 공자 역시 온종일 생각해보았으나 무용했으니, 배움만 못하다고 토로했다. 그런 끝에 공자는 충직한 제자 자로에게 여섯 가지 덕망에 여섯 가지 폐단을 일러주었다.

첫째, 인(仁)을 좋아하면서 배우지 않으면, 그 폐단은 우매해진다.

둘째, 지혜를 좋아하면서 배우지 않으면 그 폐단은 방탕해진다.

셋째, 신의를 좋아하면서 배우지 않으면 그 폐단은 해로움을 끼친다.

넷째, 정직을 좋아하면서 배우지 않으면 그 폐단은 꽉 막히게 된다.

다섯째, 용맹함을 좋아하면서 배우지 않으면 그 폐단은 혼란을 만든다.

여섯째, 강직함을 좋아하면서 배우지 않으면 그 폐단은 광분하는 것이다.

아무리 높은 이상이 있고, 아이디어가 있어도 배우지 않으면 내 것이 되지 않는다. 생각과 언행을 정교하게 가다듬기 위해서는 꼭 공부해야 한다. 덕성과 마찬가지로 지식정보도 막연하게 수박 겉핥기식으로 알고 있는 건 차라리 전혀 모르는 것보다 더 위험한 경우가 많다. 내가 실제로 숱한 사람과 교류했을 때, 인생을 성공적으로 살아가는 사람 대다수는 학력을 떠나 학습 욕구가 강했고 배우는 데 열심이었다.

변화는
삶의 본질이다

K대학교 경영대학원을 다니면서 놀랐던 것 중 하나는 내가 상당히 어린 축에 속한다는 것이다. 나는 40대 중반의 나이여서 내가 나이가 많은 편일 줄 알았는데 석사 동기 15명 중 대다수가 50대, 60대로 나보다 나이가 많았다. 처음에는 솔직히 저 나이에 공부해서 뭐 하나 하는 생각도 들었다. 그런데 그들이 공부를 대하는 진심 어린 태도를 보고 생각을 고쳐먹게 되었다.

나는 디지털 기기를 능숙하게 다루는 편이 아니다. 사업할 때 직원들이 오피스 관련 컴퓨터 기능을 전부 해결해줬기 때문에 기본적인 기능 말고는 별로 아는 게 없었다.

그런데 대학원에서 만난 나보다 연세 많으신 분들이 대부분 비서가 딸린 대기업 임원이나 사업가인데도 그런 기능들을 전부 배워서 자신들의 힘으로 활용하는 것을 보고 적잖이 충격받았다.

당시만 해도 나는 대표적 문서 프로그램인 파워포인트 하나 제대로 사용할 줄 몰랐다. 그런데 그 모습을 보고 나니 나 역시 분발해야겠다고 생각했다. 비록 OA(Office Automation, 문서 관리) 기능에 있어서 조금 무지하긴 했지만, 나는 새로운 것을 잘 받아들이는 편이라 자신감을 가지기로 마음먹었다.

처음 SNS가 유행하기 시작했던 2010년 초창기, 직원들에게 시대에 뒤떨어지면 안 된다고 IT, 페이스북 관련 강의로 100만 원이라는 거금을 들여 강의를 들으라고 했다. 그런데 직원들이 귀찮았든지 자기 일로 바빴는지, 차일피일 미루면서 듣지 않았다. 나라도 들어야 겠다고 생각해서 그 강의를 들었는데, 다 듣고 나니 크게 느낀 바가 있어서 본격적으로 페이스북을 시작했다. 그때부터 10년 동안 매일 하루도 빠지지 않고 SNS 활동 중이다. 이 활동은 현재 내 사업에 큰 힘이 되어주고 있다. 작은 변화의 징조라도 가볍게 여겨서는 안 된다. 손바닥 위의 밤톨 같은 작은 씨앗을 보고도 그게 자라서 거목이 된 모습까지 내다볼 수 있어야 한다. 배움을 게을리하지 않을 때 평안한 미래를 기대할 수 있다.

고대 중국 상(商)나라의 주왕(紂王)이 황제의 자리에 등극한 후, 상아로 젓가락을 만들어서 밥을 먹었다. 상나라의 관료이자 현자로 명성이 높았던 기자(箕子)는 그 젓가락 하나만 보고도 국가의 위기를 느꼈다고 한다.

앞으로 점점 더 귀한 음식만 구해서 먹으려 할 것이고, 위정자(爲政者)의 힘든 역할과 행차는 피하면서, 화려한 대궐에서만 생활하려고 할 것이라고 여기며 상나라의 종말을 걱정했다고 한다.

실제로 몇 년이 지나지 않아 주왕은 방탕한 권력자의 상징으로 지금도 회자되는 '주지육림(酒池肉林)'을 만들었으니, 연못을 술로 채우고 사방에 고기를 걸어두고 쾌락에 탐닉한 결과 상나라는 멸망하고 말았다.

노자는 작은 징조를 통해 미래를 통찰하는 것은 밝은 지혜라고 하였으니, 이러한 일을 두고 하는 말이다. 별거 아닌 상아 젓가락에서 상나라의 운명을 내다본 기자처럼 우리는 세상과 자신의 주변에 일어나는 작은 변화의 징조들을 우습게 여겨서는 안 된다. 또한 지금 우리 눈앞에 별 볼 일 없어 보이는 한 줌의 씨앗일지라도, 어떤 종자를 심느냐를 통해 우리가 만날 미래를 선명하게 그려볼 수 있는 것이다. 따라서 새로운 변화에 대응하는 배움의 씨앗을 조금씩이라도 꾸준히 심어야 한다.

또 하나의 사례를 들면, 전경련 IMI국제경영원 수업을 받을 때였다. 당시 막 아이폰이 출시되었을 때다. 내가 아이폰을 쓰고 있으니까, 백발의 회장님들이 나에게 신기하다며 몰려들었다. 그러면서 이것저것 물어보길래, 나는 신이 나서 여러 기능을 설명했다.

포털사이트 '다음'에 로드뷰 기능이 있었는데, 지도와 함께 로드뷰 장면을 보여주니 "와!" 하는 탄성과 함께 그분들이 한마디씩 했다.

"신기하다. 세상이 이렇게 변했네. 전 대표는 KT 직원 같아. 어떻게 이렇게 잘 알아? 대단하네."

고대 그리스 철학자 헤라클레이토스는, 우리는 같은 물에 발을 두 번 담글 수 없다고 했다. 그처럼 세상은 끊임없이 변화하고 있고, 우리는 그 변화에 적극적으로 대응해야 한다. 그렇게 하지 않으면 이미 흘러간 물처럼 도태되고 마는 것이다. 늘 새로운 것을 받아들여서 개인 활동에든 기업 활동에든 적용하려 노력해야 한다.

싫든 좋든 변화는 삶의 본질이고, 우리는 그것을 인정하고 우리 삶의 일부로 받아들여야 한다. 그리고 그 변화에 대비하는 가장 좋은 방법은 공부를 지속하는 것이다.

공부에는
끝이 없다

이 이야기는 여기서 끝이 아닌데, 정말 놀라운 일은 나의 시연이 있은 다음 주에 전경련을 찾아갔을 때 벌어졌다. 백발의 회장님들이 전부 아이폰을 가지고 와서 능수능란하게 사용하는 것이다. 순간 그분들의 학구열에 질려버렸다고나 할까? 그분들은 한 회사의 회장이기도 했지만 늘 새로운 것을 갈구하고 배우는 누구보다 젊은 정신을 가진, 배움에 목마른 진정한 학생들이기도 했던 거다. 나는 그분들을 보면서 '이런 사람들이었기에 지금 저 정도의 위치에 올랐구나!' 하는 생각을 새삼스레 했다.

세상에는 공부에 대해 지극한 열정을 가진 사람이 많다. 제주도에서 교육 회사를 운영 중인 동생 S가 있다. 그녀는 나와 함께 석사과정을 듣고, 또 서울에서 박사과정까지 수료하고 경영학 박사가 되었다. 그녀의 별명은 '비행소녀'였다. 그녀가 석박사 과정을 밟는 동안 제주도에서 하고 있는 사업에 손을 놓을 수 없었기 때문에 매주 비행기를 타고 와서는 모텔에서 잠을 자면서 수업을 들었기 때문이다.

그런 사정을 알게 된 뒤부터 나는 그녀에게 우리 집 방 한 칸을 내주었다. 그렇게 그녀는 우리 집에서 숙식하며 공부했다. 어느 날 그녀가 너무 힘들다면서 공부를 포기할까, 고민하기에 나는 매몰차게 혼을 냈다. 그 일이 지금 어엿한 박사가 되는 데 한몫했다고 나는 생각한다.

비록 그때 혼을 내기는 했지만 나는 내심 그녀가 정말 대단하다고 생각했다. 매주 비행기를 타고 와서 수업을 듣다니, 그것도 6년의 세월을 그렇게 한다니! 학습에 대한 비범한 열정이 아니면 불가능한 것이다. 나보다 나이는 어리지만 그녀의 그런 학습 욕구, 그 투지는 분명 본받을 만했다.

내가 K대학교에서 리더십 코칭 과정을 공부하면서 깜짝깜짝 놀랐던 것이 있다. 사업하면서 겪었던 우여곡절들, 다치고 쓰라리고 상처받고 했던 그 다사다난한 일들이 이미 책에 이론으로 모두 정리가 되어 있었던 것이다. 제대로 공부하지 않고 사업한 게 못내 아쉬웠다. 그러한 신기한 경험을 하면서 '아, 이래서 사람들이 공부를 하는구나!' 하고 절감했다.

꼭 학사, 석사, 박사를 취득해야만 한다는 건 아니다. 다만 관심 있는 분야가 있다면 책을 읽든, 학원에 다니든 계속 접하고 배워야 성공하는 사업가, 성공하는 인생을 살 수 있다. 세상의 트렌드는 계속 변화한다. 젊은이들은 Z세대인데, 나는 아직 X세대에 머물러 있다면 트렌드에 뒤처질 수밖에 없다. 직원을 비롯하여 세상을 주도하게 될 미래 세대들과 제대로 소통할 수 없음은 물론이다.

《논어》〈술이편〉에는 이런 말이 나온다.

자왈　아비생이지지자　호고　민이구지자야
子曰, 我非生而知之者, 好古, 敏以求之者也

공자께서 말씀하셨다. 나는 태어나면서부터 아는 사람이 아니다. 옛 성인들을 좋아해서 부지런히 공부하는 사람이다.

처음부터 많이 알고 현명한 사람이란 없다. 꾸준히 공부해야 지혜와 지성을 갖춘 사람이 된다.

오늘날은 과거와 다르다. 인터넷, 블로그, 유튜브 등 공부할 수 있는 매체가 워낙 다양하고 콘텐츠도 잘 구성되어 있다. 의지만 있다면 비싼 학원비를 들이거나 독서하는 시간을 따로 내지 않더라도 얼마든지 지하철에서, 화장실에서, 카페에서 심지어 길거리에서도 공부할 수 있다.

시간이 없어서, 돈이 없어서 공부를 못 한다는 건 요즘 시대에는 핑계에 불과하다. 지금은 백발의 노인들도 공부하는 평생학습의 시대다. 지속적인 공부로 뇌에 자극을 주면 치매를 예방할뿐더러 노화 또한 늦출 수 있다. 평생 공부한다는 자세로 학습 욕구를 놓지 말아야 오래도록 건강을 유지하면서 성공적인 삶을 살 수 있다.